Eine Stunde kann ich ja verschenken

W0094434

Katharina Gerwens

Eine Stunde kann ich ja verschenken

Dem Glück auf der Spur

HERDER

FREIBURG · BASEL · WIEN

© Verlag Herder GmbH, Freiburg im Breisgau 2018
Alle Rechte vorbehalten
www.herder.de

Umschlaggestaltung:
Christina Krutz, Biebesheim am Rhein
Umschlagmotive:
Gizele/Shutterstock.com, Miroslava Hlavacova/Shutterstock.com,
yuriy kalmatsuy/Shutterstock.com
Illustrationen im Innenteil:
Miroslava Hlavacova/Shutterstock.com

Innengestaltung und Satz: Dtp-Satzservice Peter Huber, Freiburg

Herstellung: CPI books GmbH, Leck

Printed in Germany

ISBN 978-3-451-38152-2

Inhalt

Sommer

Herbst

Winter

Frühling

Sommer

Kettenbriefe

Im Grunde genommen war dieser Dienstag ein Tag wie jeder andere. Viel später erst würde Veronika Fischer verstehen, dass es allein ihr ureigener Entschluss gewesen war, ihn zu dem besonderen Tag zu machen, der nicht nur ihr Leben, sondern auch das Leben vieler anderer von Grund auf ändern sollte.

Angesichts ihres fortgeschrittenen Alters war es dafür zwar reichlich spät – aber noch nicht zu spät.

Veronika Fischer hatte an diesem Dienstag ihren Mann Siegmund am Frühstückstisch betrachtet und sich wieder einmal gefragt, warum er ständig alles unter negativen Vorzeichen sah. Fast jeder seiner Sätze begann mit: »Das wird sowieso nichts ..., das geht bestimmt schief ..., das läuft garantiert aus dem Ruder...« Gerade hatte er unheilschwanger prophezeit: »Das Auto springt bestimmt auch heute nicht an.« Und was das Traurige daran war: Er hatte fast immer recht.

Insgeheim hegte Veronika Fischer den durchaus nachvollziehbaren Verdacht, dass Siegmund selbst dafür sorgte, dass er recht behielt. Sogar auf Kosten seines eigenen Wohlbefindens.

Dabei steckte doch in seinem Namen das Wort Sieg – aber er schien um genau das Gegenteil zu ringen. Hätten seine Eltern ihm den Namen »Pechvogel« gegeben, so hätte er vielleicht alles daran gesetzt, Glück zu haben. Flüchtig überlegte Veronika, ob es überhaupt Namen gab, die solche Bedeutungen trugen. Ihr fiel keiner ein und das wiederum konnte nur ein gutes Zeichen sein.

An dem besagten Dienstag hatte Siegmund Fischer ausgesehen, als hätte er die ganze Nacht wachgelegen und sei dabei durch undurchdringlich dichte und verwirrende Gedankennebel gestolpert, in denen – naturgemäß – nichts als unlösbare Probleme auf ihn warteten. Seine Haare standen ihm zu Berge und unter seinen Augen lagen tiefe Schatten.

»Was ist nur los mit dir?«, hatte seine Frau besorgt wissen wollen.

»Ich habe ein Buch gelesen.«

Veronika schenkte Kaffee nach. Wenn sie ein Buch las, bereitete ihr das gute Laune. Oder sie erfuhr etwas Wichtiges, was sie klüger machte, und das wiederum stellte sie zutiefst zufrieden; im schlimmsten Fall langweilte es sie und dann packte sie das Buch beiseite.

Es passte zur Weltsicht ihres Mannes, dass selbst Bücher ihm Verdruss bereiten konnten. Dabei las er sie im englischen, spanischen und französischen Original, um als technischer Übersetzer nicht aus der Übung zu kommen.

Im Grunde ihres Herzens war Veronika ziemlich stolz auf ihn. Er sprach so viele Sprachen, jedoch nicht die Sprache der Begeisterung – oder die der Liebe – und das war wirklich schade.

»Was um Himmels willen stand denn da drin, in deinem Buch?«, hatte sie gefragt.

»Wir alle geben das Böse weiter. Es wächst in uns, ob wir wollen oder nicht. Wie ein Virus. Wir stecken andere damit an«, dozierte er und rührte dann schweigend in seiner Kaffeetasse. Er wirkte, als müsse ausgerechnet er das allheilende Impfmittel finden und die Welt retten und sei damit völlig überfordert. Verständlich: Die Aufgabe wäre ja auch wirklich ein bisschen zu groß.

»Das glaube ich nicht.« Sie hatte heftig widersprochen und den Kopf geschüttelt. »Wer so etwas schreibt, der ist selber böse und krank.«

»Eben!« Er hatte auf seine unnachahmliche Art geseufzt und festgestellt: »Das verstehst du nicht.«

Das sagte er immer, wenn er etwas nicht erklären konnte. Nur weil sie als Briefträgerin arbeitete und nicht studiert hatte, war sie doch nicht blöd! Einst hatte er sich in sie verliebt, weil sie lebendig war, immer wieder staunen konnte und ihn zum Lachen brachte. Mehr als zwanzig Jahre war das nun schon her. Wenn eine ihn verstand, dann ja wohl sie. Selbst seine negative Weltsicht nahm sie ihm ab. Dass dagegen er es war, der sie oft nicht verstehen konnte, stand auf einem ganz anderen Blatt.

Jetzt riss sie sich zusammen. »Wie soll es denn gehen, dass etwas Schlimmes in uns wächst?« Dabei sah sie an sich hinunter und hielt sich die Hand auf den Bauch. »Schau mal, in mir wächst nichts! Und schon gar nichts Böses! Bei dir jedoch bin ich mir nicht sicher.« Grinsend wies sie auf sein Bierbäuchlein. »Und wenn du ein ansteckendes Virus hättest, solltest du dich gleich ins Bett legen.«

»Du nimmst das nicht ernst«, hatte er gesagt.

›Wenn du wüsstest, wie ernst ich dich nehme‹, dachte Veronika und sah auf die Uhr.

Siegmund führte gern während des Frühstücks solche Grundsatzgespräche, vermutlich weil dann die Zeit begrenzt war. Um sieben Uhr musste Veronika das Haus verlassen – jetzt war es zwanzig vor sieben.

»Es ist wie beim Schneeballsystem«, erklärte ihr Mann. »Oder wie bei Kettenbriefen.«

»Mit Briefen kenne ich mich aus«, unterbrach sie ihn schnell und bat: »Erklär!«

Ihr Mann gab sich gereizt. »Du gibst einem Menschen deine Hand und die trägt das Virus. Dieser Mensch gibt zehn weiteren Personen die Hand und jede davon infiziert zehn andere. Und so weiter und so fort. So sind in sehr kurzer Zeit Milliarden von Menschen mit dem Bösen infiziert. Also alle, rund um den gesamten Erdball. Soll ich dir das hochrechnen? Willst du eine Grafik? Willst du wissen, wie lange es dauert, wenn es heute beginnt?«

Sie schüttelte den Kopf. »Es soll auch Menschen geben, die sich mal die Hände waschen! Außerdem muss ich los.« Während sie in der Tür stand und ihm zuwinkte, rief er ihr zu: »Bei Computerviren geht es noch viel schneller!«

Als Veronika an diesem 21. Juni mit ihrem Fahrrad die vier Kilometer zur Poststation und zu ihrem gelben Postauto fuhr und dabei ganz für sich allein den Sommeranfang feierte, fragte sie sich, ob Siegmund grundsätzlich das Böse und Bedrohliche spannender finden mochte als das Gute und Leuchtende. Hieße das etwa im Umkehrschluss, dass das Gute prinzipiell langweilig war?

So ein Unsinn!

Sicher stand er genau jetzt vor seinem Wagen und wartete darauf, dass der wieder mal nicht ansprang und er ein Starterkabel holen musste. Interessant war doch, dass er nie von vornherein mit einem Starterkabel in der Hand zum Auto ging – als würde er trotz allem hoffen. Mit aller Kraft konzentrierte Veronika sich nun darauf, dass das Auto heute mal auf Anhieb losjaulte und Siegmund nicht nur zum Staunen bringen, sondern ihn möglicherweise sogar einen Hauch von Glück verspüren lassen würde. Allein bei der Vorstellung lächelte sie. Das wär's.

Und so beschloss die Postbotin Veronika Fischer einfach mal so, an diesem Tag allen Menschen, denen sie begegnete, ein Lächeln oder ein nettes Wort zu schenken. Wie ein kleines und total ansteckendes Glücksvirus. Dann würde man ja schon sehen, wer stärker war.

Einschreiben

Wenn die Postbotin Veronika etwas wirklich schlimm fand, dann waren es Einschreiben. Die lagen geheimnisvollerweise schon dann schwer in der Hand, wenn sie genauso wenig wogen wie jeder andere Brief. Aber die Erfahrung vieler Jahre hatte Veronika gelehrt, dass diese Briefe eigentlich »Gemeinschreiben« heißen müssten, denn noch nie hatte sich jemand über deren Zustellung gefreut.

Ginge es nach ihr, so hätte sie sie für immer in ihrer großen Posttasche verschwinden lassen, denn sobald sie mit ihrem elektronischen Quittungsblock an einer Tür stand und sich den eingeschriebenen Brief bestätigen ließ, war es so, als würde sie nicht nur die Signatur des Unterschreibenden bekommen, sondern auch seine schlechte Laune. Sozusagen als Dreingabe. Und das alles wäre auch noch ganz okay gewesen, wenn diese schlechte Laune nur mal kurz von einem zum anderen rübergehüpft wäre – wie bei einem Staffellauf. Doch so war es nicht. Sie legte sich auf Veronikas Schultern und wurde von Brief zu Brief schwerer. Es schien ein Naturgesetz zu sein und Veronika hatte keine Ahnung, wie sie das austricksen könnte.

Ihr Mann Siegmund kannte sich – so behauptete er – mit allem aus: nicht aber mit den Unbilden des Alltags und der den Einschreiben innewohnenden Bitternis.

An diesem Dienstag Ende Juni war ihre Tasche richtig schwer und voller (Gem)Einschreiben, von denen die meisten handschriftlich adressiert waren. Das passte.

Schließlich hatte es am vergangenen Wochenende geregnet und so hatten einige Zeitgenossen schlecht gelaunt an ihren Schreibtischen gesessen, um für ihre Mitmenschen kleine und gemeine Einschreiben zu basteln. Wären sie doch stattdessen an die frische Luft gegangen, um einen klaren Kopf zu bekommen.

Aber nein, immer noch schlecht gelaunt waren sie dann am Montag in der Früh mit diesen Briefen voller Aufforderungen, Mahnungen, Mängelrügen und Reklamationen zur Post marschiert und hatten sie an jene adressiert, die ihnen tatsächlich oder vermeintlich etwas schuldeten. Ein gutes Wort, einen Gefallen, etwas Wärme, vielleicht auch nur einen Händedruck ... Wer wusste das schon – und wer außer Veronika dachte darüber nach.

Wenn man diese (Gem)Einschreiben umtaufen und (F)Einschreiben nennen würde, so überlegte Veronika nun, so klänge es doch ganz anders. Sie zumindest könnte dem Türöffner freudig verkünden: »Heute habe ich ein feines Schreiben für Sie.«

Und der Empfänger würde mit einem erwartungsvollen Lächeln quittieren. Und dann? Würde sich dessen Mimik dann auch, wie bei den (Gem)Einschreiben, von freudiger Erwartung in ein finsteres Kopfschütteln verwanden? Die

Postbotin befürchtete das. Leider hatten einzelne Worte nicht die Kraft, auch ganze Inhalte zu ändern.

Seufzend sah sie auf die acht Einschreiben, die ihre Tasche heute so schwer machten.

Eigentlich war es unfair, dass ein Stück Papier mit unschuldigen Zeichen darauf die Macht hatte, einigen Leuten den ganzen Tag zu verderben. Ob andere Briefträgerinnen und Briefträger auch über so was nachdachten? Vermutlich nicht. Denn selbst Veronikas Mann Siegmund fand, dass sie viel zu viel unnütze Überlegungen anstellte.

Unter unnütz fasste er all jene Gedanken zusammen, die kein greifbares Ergebnis hatten. Hätten derartige Spekulationen letztendlich zu einem Kuchen oder zu einer köstlichen roten Grütze geführt, so wäre ihm das natürlich durchaus recht gewesen.

Aber Veronikas Gedanken führten höchstens mal zu einer hochgezogenen Augenbraue oder lösten ein erstauntes Lächeln aus. Als wäre das nicht auch was!

So dachte sie nun also wieder einmal über eine Formel nach, die schlechte Laune bringende Briefe in frohe Botschaften verwandelten.

Von den acht Einschreiben dieses Tages hatte sie nun schon sieben an die Frau und an den Mann gebracht. Das letzte war an die Bauersfrau adressiert, der das kleine und

etwas verwahrloste Haus am Stadtrand gehörte. Sie lebte sozusagen auf einer Ebene mit dem diagonal durchgestrichenen Ortsschild und hatte elf Hühner, die alle schöne Namen trugen; natürlich begann jeder der Namen mit einem H: Helga, Hilde, Heidi, Heike, Hellen, Herta, Hanna, Hedwig, Hedda, Helma und Happy. Einen Hahn gab es nicht.

Noch nie hatte Veronika ein Einschreiben in dieses Haus getragen. Überhaupt hielt sie selten hier – eigentlich nur, um gelegentlich eine Postkarte in den Briefkasten zu werfen. Grandiose Sonnenuntergänge aus fernen Ländern waren darauf abgebildet und Veronika versenkte sie mit stiller Freude ins Dunkel des Briefkastens. Geschah ihnen recht, diesen arroganten Bildern, als ginge die Sonne nur dort farbenprächtig unter, wo jemand diese Postkarten beschrieb. Hier war es ebenso schön, aber hier guckte keiner hin.

Die Bäuerin kam gerade aus dem Hühnerstall und klagte: »Ich wollte heute einen Kuchen backen – aber mit nur zwei Eiern? Unzuverlässiges Pack. Vor allem Herta und Hedwig legen es darauf an, mich zu ärgern. Sie haben die anderen dazu angestiftet, ihre Eier an geheimen Orten zu verstecken.«

»Oh je.« Veronika sah auf ihre Tasche. Ausgerechnet da lag heute auch noch etwas drin, was die Laune der Hühnerfrau weiter verschlechtern könnte.

Sie suchte nach dem achten und letzten Einschreiben dieses Vormittags und fragte verbindlich: »Soll ich für dich was einzahlen?«

»Wie kommst du denn darauf?«

»Schau mal.« Veronika hielt den mit Stempeln übersäten Briefumschlag hoch.

Die Bäuerin stellte ihren fast leeren Eierkorb ab. »Du denkst, dass ich irgendwem noch was schulde?«

»Na ja, wegen eines schlechten Eies schickt man dir ja wohl keine Reklamation.«

»Ich zahle immer und überall bar.« Die Bäuerin gehörte zu den absolut altmodischen Menschen. Sie besaß weder einen Computer noch ein Handy und Plastikkarten kamen ihr nicht ins Haus.

»Machst du es mir bitte auf«, wandte sie sich an Veronika. »Meine Brille liegt in der Küche. Und dann lies bitte auch gleich vor.«

»Ich weiß nicht.« Die Briefträgerin zögerte.

»Du kriegst von mir die Vollmacht.« Die Bäuerin gab gern allen und jedem die Vollmacht; sie verteilte sie wie einen Segen.

Schon das geprägte Papier mit den goldenen Buchstaben sah sehr eindrucksvoll aus.

»Es ist von einem Notar«, erklärte Veronika, nachdem sie den Briefkopf entfaltet hatte.

»Und was will der?«

Veronika las, staunte und fasste zusammen: »Eine seiner Mandantinnen ist gestorben und vermacht dir ein Ei.«

»So ein Quatsch! Ich habe doch Hühner.«

»Es ist ein Fabergé-Ei.«

»Kann ich es in meinen Kuchen schlagen?« Die Bäuerin lächelte verschmitzt.

»Nein.«

»Dann will ich es auch nicht. – Wie heißt die denn, die Verstorbene?«

Veronika nannte einen Namen und fügte hinzu: »Mit Mädchennamen aber hieß sie Holzmann.«

»Die Holzfrau. Das war meine beste Freundin, mindestens zwanzig Jahre lang. Vielleicht sollte ich das Ei dann doch nehmen.«

»Wir können gleich ein Einschreiben aufsetzen, in dem du dich für die Erinnerung bedankst«, schlug Veronika vor. »Und dann schreibst du ihnen auch, wohin sie das Ei schicken sollen, nämlich an diese Adresse.«

»Und dann leg ich es in diesen Korb«, sagte die Bäuerin, die in diesem Augenblick noch gar nicht wusste, auf was sie sich damit einlassen sollte.

Wildwechsel

Bei manchen Menschen wird der Blick mit den Jahren müde oder auch nur oberflächlich. Bei Veronika war es umgekehrt, was sicher auch daran lag, dass sie ihre Kunden (die ja eigentlich Kunden der Post waren) genau beobachtete, ihnen charakteristische Namen gab und sie insgeheim für sich einordnete.

Heute war nach langer Zeit mal wieder ein Schreiben für die Frau der Erwartungen dabei. Natürlich wusste Veronika, dass Laura Linde nicht so hieß, aber ganz für sich nannte sie sie so. Schließlich wartete Laura ständig und überaus angestrengt auf etwas, das das bereits Vorhandene toppte. Auf schöneres Wetter, einen längeren Sommer, ein interessanteres Fernsehprogramm, einen klügeren Partner, eine verständnisvollere Freundin und – auf ein besseres Leben ... sowieso.

Obwohl Laura ständig andere Menschen an ihrer Seite hatte, Männer und Frauen, wirkte sie, als sei sie in einem Kokon von Einsamkeit gefangen. Tatsächlich aber war es ein unsichtbares Schild mit der Aufschrift: ›Das genügt mir nicht‹, das andere auf Abstand hielt. Veronika, die Postbotin, hatte es bereits mehrfach wahrgenommen. Wie oder was diese *Das* sein mochte – vermutlich wusste nicht einmal Laura selbst, wie es sich anfühlen könnte. Vielleicht war es ein Luftschloss, hatte die Postbotin mal überlegt, aber selbst das wäre Laura zu wenig stabil und nicht sachgemäß beheizt und damit ungenügend erschienen.

Die Frau der Erwartungen war eine schöne Frau und einmal, als Veronika ein Paket (vermutlich angefüllt mit Kleidern, Schuhen, Schmuck und Schminkutensilien) in deren Wohnung schleppte, hatte sie gesehen, dass dort an jeder Wand Spiegel hingen. Selbst in der Küche. Auf diese Art war Laura Linde ständig mit ihren großen blauen Augen, ihren blonden Locken und ihrem schön gezeichneten Mund, der mehr weiße Zähne zu haben schien als andere Münder, – quasi ihrem Laura-Ich – konfrontiert. Ob ihr *das* nicht genügte? Begutachtete sie sich auf den gläsernen Flächen, um sich ihrer Mängel bewusst zu werden? Sie hatte doch keine! Zumindest keine sichtbaren.

Veronika hatte ganz schnell weggeguckt, als sie selbst sich in all diesen Spiegeln entdeckte – es waren einfach zu viele Postbotinnen, die sich ihr da in schierer Unvollkommenheit offenbarten. Grauenvoll!

Laura war einerseits viel daheim, dann aber auch wieder wochenlang unterwegs. Die Postbotin mutmaßte, dass sie mit ihrem wallenden Haar für Shampoos und mit ihren glänzenden Zähnen für Mundwasser und frischen Atem warb. Allerdings hatte sie das Abbild ihrer Kundin bisher weder in Werbespots noch auf Plakaten und erst recht nicht auf Litfaßsäulen entdecken können.

Möglicherweise handelte es sich auch um Reklamen, die nur Eingeweihten zur Verfügung gestellt wurden, oder um Plakate, die ausschließlich im Ausland an großen Wänden hingen. Vielleicht auch in ungeheizten Luftschlössern. Was wusste man schon von der Welt?!

Für die Frau der Erwartungen, also für Laura, holte Veronika nun ein großes, flaches und braun eingepacktes Paket aus ihrem Fahrradkorb. Er war mittelschwer und die Empfängerin öffnete es sofort. Sie strahlte – »Wissen Sie, was da drin ist?« – und schon hielt sie ein Verkehrsschild in der Hand: ein Dreieck, das einen von rechts unten nach links oben springenden Hirsch zeigte und rot umrandet war. »Wildwechsel«, murmelte Veronika, die das Warnschild von einsamen Waldstraßen kannte.

»Es ist eine Einladung zu einem Essen mit Hirschgulasch. Süß, oder?«, verriet Laura ungefragt. »Von einem sehr netten Herrn.«

›Ein neuer Freund‹, dachte Veronika, ›eine neue Erwartung, die sich dann nicht erfüllen lässt‹, und murmelte verbindlich: »Ja dann guten Appetit.«

»Das wurde ja auch mal Zeit nach all dem Schrecklichen, was mir in letzter Zeit passiert ist«, verriet Laura und es war klar, dass sie jetzt und in diesem Augenblick mit Veronika darüber reden wollte.

»Was ist denn geschehen?«, fragte die dann auch brav.

»Ich hatte eine Putzfrau«, verkündete die Schöne in

einem Ton, mit dem andere über Katastrophen sprechen mochten.

»Und was hat die kaputtgemacht?« Veronika sah auf die Uhr. Sie hatte nicht mehr viel Zeit.

»Nichts wirklich. Aber ich hatte sie gebeten, den Triptychon-Spiegel in meinem Schlafzimmer nicht einmal anzurühren. Aber sie ... putzt erst alle Fenster und dann alle Spiegel und natürlich erst recht den, den sie nicht einmal anfassen sollte.« Die Schöne seufzte demonstrativ.

»Dieser Spiegel ist also etwas Besonderes?« Veronika fasste es nicht. Sie sah sich in allen spiegelnden Flächen auf die gleiche Art und Weise abgebildet. Aber das passte, dass es für Frauen wie Veronika auch Extraspiegel gab.

»Ja, was ganz Spezielles. Einmalig sozusagen. Und jetzt ist sein Zauber weg.«

»Weil er nach dem Putzen glänzte?«

»Weil er jetzt alles so zeigt, wie es ist.« Laura klang anklagend.

Veronika, die noch nie etwas anders gesehen hatte, als es tatsächlich war, oder die sich zumindest einbildete, die Realität zu sehen, staunte. »Und was war vorher?«

»Vorher lag ein leichter Schleier auf der Spiegeloberfläche und wenn ich durch den hindurchsah, erkannte ich die Dinge, wie sie sein sollten – wie sie sein sollten, aber natürlich nicht waren.«

Veronika fragte sich, wer denn um Himmels willen bestimmen mochte, wie Menschen und Dinge zu sein hatten, aber sie war auch neugierig geworden. »Einzigartig. Tatsächlich. Aber wie soll ich mir das vorstellen?«

»Ganz einfach«, sagte die schöne Laura Linde. »Ich habe mich abends vor dem Spiegel gesetzt, über den Tag nachgedacht und der zeigte mir alles, was geschehen war, in einem ganz besonderen Licht. Einem Licht, das Schatten warf und mir die Fehler meiner Freundinnen und Freunde offenbarte. Er zeigte mir auch die Mängel an Dingen, die mich einen Moment lang glücklich gemacht hatten. Er bestätigte mich darin, dass nichts perfekt ist.«

»Und Sie?«

»Ich natürlich auch nicht. Wo denken Sie hin?!« Laura seufzte. »Natürlich bin ich nicht perfekt.«

»Das muss ja furchtbar sein!« Veronika überlegte, wie viele Schatten sich bei ihr zeigen würden, wenn man den Maßstab der absoluten Perfektion anlegte. »Und nun ist alles Unvollkommene ganz weg, nun zeigt er nur noch das Spiegelbild?«, wollte sie von der Frau wissen, die immer noch die Verpackung in der einen und das Wildwechsel- schild in der anderen Hand hielt.

»Ja.« Die Schöne seufzte. »Jetzt weiß ich gar nicht mehr, worauf ich mich einlassen soll. Seit der Spiegelzerstörung entdecke ich die Fehler an Menschen und Dinge nicht gleich am ersten Tag, sondern erst im Laufe der Zeit.«

»Das kenne ich«, Veronika fügte leise hinzu: »Vermut- lich geht es vielen Menschen so.« Dabei dachte sie: ›Und das ist auch gut.‹ Laura sollte ihrer Spiegelputzerin dank- bar sein.

»Ich muss weiter, genießen Sie Ihr Hirschgulasch«, rief sie laut und wünschte sich, dass Laura dem Wildwechsel- herren eine Chance gab, denn sobald wir mit jemandem vertraut werden und ihn zu lieben beginnen, sind uns dessen Fehler egal und wir gehen einen kleinen Schritt in Richtung Glück.

Versprechen

»Oh da kommt ein Tief!«

»Nein, es ist ein Brief!« Veronika hatte die leicht verschrobene Bewohnerin des efeubewachsenen Eckhauses schon lange in Verdacht, dass sie die Dinge absichtlich falsch aussprach.

»Schauen Sie mal!« Die Briefträgerin hielt ein Schriftstück in die Höhe und sah auf den Absender: »Es kommt von einer staatlichen Lotteriestelle. Sicher haben Sie etwas gewonnen.«

»Etwas Hohes?«

»Was weiß ich, lassen Sie sich überraschen.«

»Es gibt keine guten Überraschungen«, stellte Helen Evering klar und erinnerte Veronika damit an ihren Mann Siegmund. Der rechnete auch immer mit dem Schlimmsten.

»Wetten dass?« Jetzt wollte sie es tatsächlich wissen.

»Wie Sie meinen. Dann mach ich ihn mal auf.«

Tatsächlich hatte Fräulein Evering – sie bestand auf dieser Anrede – hundert Euro gewonnen; dennoch betrachtete sie den beiliegenden Scheck voller Argwohn. »Der ist bestimmt nicht gecheckt.«

Veronika lächelte. »Sie meinen gedeckt?«

»Exakt. Danke, dass sie mich darauf hinweisen. Ich sage die Dinge immer falsch. Vor allem dann, wenn ich sie richtig sagen will.«

»Mir passiert das auch«, log Veronika. »Vor allem bei Fremdworten. Stellen Sie sich vor, neulich wollte ich sagen ›echauffiert‹, aber aus meinem Mund kam ›affektiert‹. Da hätten sie meinen Mann mal hören sollen.«

»Hat er Ihnen einen Vortrag gehalten?«

Die Postbotin nickte. Das alles war zwar ein spontan ausgedachtes Beispiel, aber es hätte gut so sein können.

»Ich habe niemanden im Haus, der mir Vorträge hält, wenn ich etwas falsch sage«, murmelte die Scheckempfängerin und wedelte sich mit dem Briefumschlag kühlende Luft zu. »Denn mein Wellensittich ist immer meiner Meinung.«

»Seien Sie froh«, antwortete Veronika etwas zu burschikos und stellte sich vor, dass Fräulein Everings Sätze wie große Plakate im Raum hingen und dort den ganzen Tag blieben, vielleicht sogar länger. Ein tröstliches Bild. Wenn sie dagegen etwas sagte, wischte Siegmund es mit einer Handbewegung beiseite. Nur was er von sich gab, hatte Bestand. Am frühen Morgen hatte er ihr heute einen Vortrag über die düsteren Prophezeiungen des Nostradamus gehalten und die Zukunft in schwärzesten Farben gemalt. Er liebte dunkle Farben.

Als wäre die Zukunft das Drehbuch eines Katastrophenfilms, in dem jede Rolle festgelegt war. Warum durfte sie keine Komödie sein? Das wäre für alle besser!

»Gibt es denn überhaupt nichts Schönes, auf das man sich freuen kann?«, hatte Veronika gefragt und Kaffee nachgeschenkt.

»Das interessiert doch keinen«, war Siegmund ihr über den Mund gefahren. Als würden allein Angst und Schrecken die Welt am Laufen halten und als sei es verboten, sich zu freuen.

»Ich habe übrigens ein paar gute Tricks herausgefunden«, verriet Helen Evering und flüsterte verschwörerisch: »Wollen Sie sie hören?«

Veronika sah auf die Uhr. Sie würde wieder überziehen. Sie würde wieder zu spät kommen und so, wie sie sich kannte, würde sie sich diese Überstunden nicht notieren. Insofern war es ja auch egal. Nur dass der letzte ihrer Kunden heute etwas länger warten musste. »Welche Tricks haben Sie denn?«

»Beispielsweise sage ich die Dinge absichtlich falsch. Das macht Spaß. Die Leute gucken und denken: ›Meine Güte, ist die blöd!‹ Aber ich bin nicht blöd. Wissen Sie, wenn man etwas falsch sagt, wird man sofort von den anderen verbessert. Dafür haben die immer Zeit.«

»Ja und?«

»Schon ist man im Gespräch«, verkündete das Fräulein stolz. »Mein Hobby ist, mir falsche Worte auszudenken.«

Veronika nickte. Sie verstand.

»Zu der Hollywoodschaukel meiner Nachbarn sage ich gern Hariboschaukel und schon erklären die mir lang und breit, wie das Ding tatsächlich heißt und warum. Finden Sie nicht auch, dass Hollywoodschaukeln nicht mehr en vogue sind? Und wenn ich von dem Radiator spreche, der mir im Winter das Bad wärmt, sage ich ›mein Gladiator‹ und die Leute verbessern mich nicht nur, sie reden auch über mich.«

»Sie könnten doch einfach rufen: ›Wie wäre es mit einem kleinen Schwätzchen?‹, schlug Veronika vor.

»Um dann die Antwort zu bekommen: ›Ich habe keine Zeit?‹ Nein, das habe ich alles schon probiert.« Das Fräulein schüttelte den Kopf. »Aber wenn andere mich korrigieren können, sind sie sofort dabei. Ein Naturgesetz. Und mir ist es egal, wie ein Gespräch beginnt, Hauptsache es beginnt.«

»Ist es nicht besser, wenn die Leute über einen lächeln als wenn sie über einen schimpfen?«, verkündete die Frau aus dem Efeuhaus und betrachtete den Scheck, den sie nun provozierend als »mein Schreck« bezeichnete. Aber in dem anschließenden längeren Gespräch verbesserte Veronika sie nicht einziges Mal. Es fühlte sich gut an.

Projekte

Der Junge war fünf Jahre alt und auf Veronika wirkte es so, als würde er täglich auf sie warten. Im Winter und bei Regenwetter hockte er drinnen hinter Glas auf einer breiten Fensterbank neben der Eingangstür, etwa dort, wo bei anderen Bewohnern Palmen standen, im Sommer auf den grauen Marmorstufen zwischen zwei Säulen.

»Du siehst aus wie meine Oma, aber meine Oma ist viel älter«, hatte er am ersten Tag ihrer Begegnung mit Kennerblick festgestellt und die Briefträgerin hatte ihn immer noch nicht gefragt, wo denn diese Oma lebte. Vielleicht in der Toskana? Auf jeden Fall weit weg. Denn wenn die Postbotin zu dem Kind kam, war es immer allein. Ohne Mama, ohne Geschwister, ohne Freunde und ohne Großeltern. Sogar ohne Hund und ohne Katze. Nur den Vater sah man gelegentlich.

Das Haus stand in einem Neubaugebiet am Rande des Ortes. Veronikas Mann bezeichnete die Ansammlung kleiner Villen als Italienische Siedlung, da die etwa zwanzig

Häuser und die kleine Pizzeria offensichtlich von einem italophilen Architekten entworfen worden waren, der sich hier nach allen Regeln der Kunst hatte austoben dürfen. Sämtliche Häuser waren gelb gestrichen, wiesen grüne Fensterläden auf und wirkten mit ihren schmalen und hohen säulenumfassten Eingangstüren, über denen sich ein Balkon brüstete, wie Villen aus der Mitte Italiens, die sich nun, verwundert und erstaunt, am Rande einer deutschen Kleinstadt wiederfanden und blühenden Rosmarin- und Oleanderbüschen hinterhertrauerten.

Vielleicht war der kleine Junge im Rahmen dieser akuten Ortsveränderung versehentlich mit nach Deutschland gebeamt worden – allerdings machte er keinen verlorenen Eindruck.

»Ich habe ein Päckchen für deinen Papa«, sagte Veronika und fischte das Paket aus ihrem Fahrradkorb. »Ist er zu Hause? Er muss nur unterschreiben.«

»Ich kann auch schon unterschreiben«, verriet Marcel stolz.

»Aber du bist noch nicht volljährig.«

»Die Fünf hab ich bald voll und dann bin ich schon sechs.« Marcel ließ sich nicht beirren.

»Dennoch brauche ich deinen Vater oder deine Mutter. Nur ganz kurz.«

»Die Mama arbeitet in der Stadt. Sie fährt jeden Morgen um sechs Uhr mit dem Auto weg«, verriet Marcel. »Aber der Papa ist in seinem Zimmer.«

»Dann hol ihn doch bitte mal.«

Marcel drehte sich um, steckte zwei Finger in den Mund und pfiff wie eine winzige Lokomotive, die sich darum bemüht, sich groß und gefährlich zu geben. Es wirkte.

»Ja, ja, ich komme ja schon!« Es war die Stimme eines Riesen. Veronika sah einen großen und kompakten Mann in dunkler Kleidung durch die Flügeltür in die Diele treten. Sein gigantischer Schatten verdunkelte Wände und Fliesen und auch den Blick des kleinen Jungen.

»Was ist?« Marcels Vater klang ungeduldig.

»Du musst was unterschreiben, sonst kriegst du das hier nicht«, wusste der Sohn nicht mehr ganz so selbstbewusst und wies auf die Postbotin.

»Mein Gott, kaum ist man mitten im Projekt, schon wird man wieder rausgerissen«, stöhnte der bullige Mann und schob sich seine auf die Nasenspitze gerutschte Brille wieder vor die Augen. »Ach das! Endlich! Darauf warte ich schon seit mindestens vier Tagen. Da kann ich ja endlich an meinem Projekt weiterarbeiten.« Er sah Veronika an, als sei die für die Verzögerung seiner Arbeit verantwortlich.

»Wenn Sie Ihrem Sohn eine Vollmacht geben, kann er das nächste Mal auch selbst unterschreiben und wir müssen Sie nicht extra belästigen«, schlug sie vor, woraufhin der Kleine seine Hände zu zwei Fäusten ballte und die Daumen nach oben streckte.

»Wär' zu überlegen«, murmelte Marcels Vater und stapfte mitsamt seinem Päckchen davon.

»Sie dürfen das nicht persönlich nehmen.« Marcel klang altklug. »Er ist immer so!« Als würde das alles erklären.

»Er hat wohl sehr viel zu tun.«

»Das stimmt.« Marcel nickte. »Ich aber auch.«

»Tatsächlich?« Veronika beugte sich vor. »Du hast also auch ein Projekt?«

»Nicht nur eins.« Jetzt klang er genauso wie sein Vater

und stöhnte demonstrativ: »Weißt du, ein Projekt jagt das nächste. Aber weil ich noch nicht richtig schreiben kann, sind meine nur im Kopf. Da muss man dann schon aufpassen, dass sie nicht durcheinanderrutschen.«

»Verstehe. Und ganz schlimm ist es vermutlich, wenn man davon träumt. Dann entsteht das sogenannte Projektwirrwarr. Meine Güte, wie ich das kenne!«

Er nickte und sie sah ihm an, dass er sich verstanden fühlte.

Veronika bekam fast Mitleid mit dem Kind. »Es gibt ganz schön viele Projekte.«

»Und wie.« Er begann aufzuzählen: »Eins ist das Leseprojekt, aber keiner übt mit mir. Und dann das Schreibprojekt, da denke ich mir neue Buchstaben aus und male sie in Gedanken an eine weiße Wand. Es gibt auch ein Hungerprojekt«, verkündete er stolz. »Bei dem Projekt denke ich darüber nach, was ich abends essen will. Abends kocht die Mama immer.«

»Gibt es auch ein Fußballprojekt?« Die Postboten musterte seine schmächtige Gestalt.

Marcel schüttelte den Kopf und wusste im Tonfall seines Vaters: »Dazu braucht man ja fähige Mitarbeiter.«

»Würdest du denn in so einem Projekt mitarbeiten, auch wenn du selbst nicht der Chef bist?«

Marcel nickte und wusste ein weiteres Wort aus dem Munde seines Vaters: »Teamwork.«

»Dann kümmere ich mich darum. Ein paar Straßen weiter werden nämlich Fußballmitarbeiter gesucht, nicht gerade Mittelstürmer, aber für die Abwehr.«

»Im Abwehren bin ich gut. Ich kann auch schon ans Telefon gehen und sagen: ›Es ist keiner zu Hause.‹ Das ist doch Abwehr, oder?«

»Klar, das ist ein Abwehrprojekt.«

Marcel fühlte sich verstanden.

Veronika sah ihn nachdenklich an. »Ich muss nun weiter mit meinem Postprojekt. Aber dein Fußballprojekt behalte ich im Kopf. Wir sehen uns morgen?«

»Logisch.«

Während sie bis zur nächsten Straße fuhr, fragte sie sich, wozu Begriffe wie Projekt, Konzept und Plan eigentlich notwendig waren. Man stand doch morgens auf, um das zu tun, was getan werden musste. Und das wirklich Wesentliche war nicht als Projekt zu fassen. Es gilt doch immer und überhaupt nur die Gegenwart, denn nur die kann in jedem Augenblick mit einem Quäntchen Glück gefüllt werden.

Glück

Das kleine zierliche Männlein stand am Busbahnhof und fiel ihr schon allein deshalb auf, weil es einen wollweißen Anzug trug und ein blütenweißes Hemd; unter seinem Kinn war ein knallrotes Tuch zu einer Fliege gebunden, die übrigens die gleiche Farbe hatte wie seine blitzblank geputzten Lederschuhe. Veronika stutzte einen Moment; sie hatte gedacht, dass nur der Papst rote Lederschuhe tragen dürfe. So konnte man sich irren. Und wer schließlich kontrollierte auch schon sowas wie die Schuhfarbe?

Der da war definitiv nicht der Papst. Denn wie der Heilige Vater aussah, das wusste Veronika genau.

Es war heiß an diesem letzten Augusttag. Bereits um zehn Uhr in der Früh knallte die Sonne vom Himmel. Das Thermometer an der Apotheke hatte 35 Grad angezeigt. In Veronikas Postauto brummte die Klimaanlage und sorgte für angenehme 22 Grad.

Der weiße Anzug nebst roter Fliege und roten Schuhen stand im Schatten des hölzernen Bushaltewartehäuschens und schwitzte.

Veronika stoppte und fuhr mit einem Knopfdruck die Scheibe an der Beifahrerseite hinunter. »Wo wollen Sie denn hin?«

Der Mann hob den Kopf. Sein Haar war so weiß wie sein Hemd; sein Gesicht so rot wie die Fliege. »Ich warte auf ein Taxi.«

»Ich kann Sie auch mitnehmen. Schließlich bin ich von der Post und die ersten Taxen waren Postkutschen.«

Er fixierte sie mit zusammengezogenen Augenbrauen. »Ich weiß nicht, ist das nicht verboten?« Vorsichtig hakte er nach: »Haben Sie überhaupt eine Lizenz zur Personenbeförderung?«

»Nicht direkt, aber wenn Sie sich verhalten, als seien Sie ein Paket, ist das kein Problem«, antwortete die Postbotin. »Ein sprechendes Paket.« Sie lachte. »Sowas hatte ich übrigens noch nie. Wo müssen Sie denn hin?«

Er zog ein rotes Stofftaschentuch aus der Tasche seines hellen Anzugs und wischte sich die Stirn. »Zu einer Bäuerin mit den elf Hühnern, deren Namen alle mit H beginnen.« Zeitgleich mit dieser Auskunft tippte er sich an die Stirn.

»Die kenne ich. Steigen Sie einfach ein.«

Das Aftershave des kleinen Mannes war mit dem dominanten Schweißgeruch des Fahrgastes eine ungute Allianz eingegangen. Veronika öffnete das Fenster auf ihrer Seite und schnappte nach Luft. Sie wandte ihm den Kopf zu. »Eigentlich ist die Hühnerfrau die letzte Station auf meinem Weg; aber dann beginne ich heute mal dort.«

»Wenn Sie so freundlich wären ...« Er wedelte sich mit der Fahrkarte Luft zu und Veronika fragte sich, warum sie nicht wie eine dieser vornehmen Damen aus früheren Jahrhunderten ständig ein Riechfläschchen bei sich trug. Das wäre jetzt hilfreich! Sie wandte sich an ihren Mitreisenden: »Sie kennen die Bäuerin?«

»Wir haben einige Briefe gewechselt«.

»Oh, ich wusste gar nicht, dass Lena einen Brieffreund hat.«

»Ich habe ihr geschrieben, gewechselt ist zu viel gesagt«, stellte der Fahrgast klar und fügte anklagend hinzu: »Sie hat mir nie geantwortet. Sie war eine Freundin meiner Frau. Daher weiß ich das mit den Hühnern. Ich frage mich, ob sie überhaupt schreiben kann – oder lesen. Auf jeden Fall habe ich mich nun selbst auf den Weg machen müssen.«

»Ach so.« Veronika biss sich auf die Lippen. Sie erinnerte sich, einige Briefe mit schön geschriebener Adresse in den Postkasten der Bäuerin geworfen zu haben.

»Hoffentlich ist sie daheim.« Das kleine Männchen seufzte. Jede Zelle seines Körpers schrie nach einer kalten Dusche.

Die Postbotin nickte und behauptete großspurig: »Klar, die ist immer daheim, denn sie liest den ganzen Tag und korrespondiert zudem mit wichtigen Leuten. Ich selbst nehme ständig all ihre Briefe entgegen und stemple sie persönlich ab.«

Das war eine Lüge, aber der da sollte nicht denken, dass er Lena übers Ohr hauen konnte. Sicher war er nur gekommen, um sich das goldene Ei zu holen.

Die Briefträgerin rief sich zur Ordnung. Sie sollte sich nicht so sehr in die Geschichten anderer Leute einmischen. Andererseits, und das war nicht nur ihr aufgefallen: Seitdem das goldene Ei aus seinem per (F)Einschreiben geschicktem Paket befreit worden war und auf dem Tisch der Bäuerin stand, schien die ganze Stadt freundlicher und heller zu sein, die Leute lächelten öfter. Selbst Veronikas Mann brummte nicht mehr nur vor sich hin und staunte überrascht, wenn die Dinge trotz aller Zweifel funktionierten.

»Sie sind also Herr Holzmann«, sagte sie und kniff die Augen zusammen. Ein neuer Geruch ging von ihm aus. Veronika ahnte, dass es Panik war.

»Woher wissen Sie das?« Er saß sehr steif auf seinem Sitz.

»Sie hat mir Ihre Briefe gezeigt«, behauptete Veronika dreist, die lediglich die Umschläge gesehen hatte.

Das Gesicht des Herrn Holzmann wurde noch dunkler als zuvor. Er schwieg und zog beide Schultern hoch.

»Sie wollen sich also was wiederholen.« Veronika sah auf die Straße und nickte wissend.

»Es ist viel zu kostbar für dieses dumme Huhn. Meine Frau muss verrückt gewesen sein. Und ich auch. Ich hätte ihren letzten Willen gar nicht erfüllen müssen. Aber jetzt bringe ich die Dinge in Ordnung.«

›Oder in Unordnung‹, dachte die Postbotin und schwieg. Dann bremste sie. »So, da sind wir.«

»Haben Sie es gesehen? Das Ding?« Er sah sie lauernd an.

Sie wusste genau, was er meinte. »Das Ei?«

»Er nickte.«

»Sie freut sich jeden Tag daran, ständig. Es ist ihr größtes Glück.«

»Dazu ist es viel zu kostbar.«

Veronika ließ ihn aussteigen und zeigte ihm die Richtung zum Haus der Bäuerin. Sollte er doch die letzten hundert Meter zu Fuß gehen! Was um Himmels Willen war denn schon kostbarer als Freude und Glück?

Posttraumatisch

Veronika war übrigens nicht allein deswegen Postbotin geworden, weil damit die allmorgendliche Kleiderfrage geklärt sein würde, auch wenn der frisch hinzugezogene Leander Müller-Seemannshausen das nun einfach so behauptete. Kaum hatte er seinen Wohnsitz in der Stadt angemeldet, schon fing er damit an, über die Briefträgerin zu reden. Als würde gerade das nicht die Runde machen.

Dabei vermied er es auffällig, ihren Namen auszusprechen, und bezeichnete sie Dritten gegenüber als »Die Uniform« – und zwar in Einzahl! In Wahrheit aber hatte Veronika natürlich mehr als nur eine Ausstattung. Sie besaß eine Sommeruniform und eine für den Winter und dazu noch die sogenannte Übergangskleidung. Also hätte er sie, wenn schon denn schon, »die Uniformen« nennen müssen.

Tatsächlich kokettierte sie damit, dass es unglaublich erleichternd sei, sich nicht allmorgendlich vor dem Kleiderschrank fragen zu müssen: Was kann ich bloß heute anziehen? Ihre Mutter hatte diesen Spleen gehabt und sich dann immer genau in die Sachen hineingezwängt, von denen sie wusste, dass sie sich in ihnen nicht wohlfühlen würde. Veronika fühlte sich in ihrer Uniform wohl.

Bei ihren Gängen durch die kleine Stadt hatte sie Frauen kennengelernt, die sich bereits am Wochenende Gedanken über ihre Garderobe der kommenden Woche machten und daher die verschiedenen Outfits auf fünf bis sieben Bügel hängten und mit den entsprechenden Accessoires drapierten. So wie andere sich an den Wochenenden ihre Tablettenrationen zurechtlegen mochten, ordneten sie ihre Kleider. Und wehe, das Wetter machte ihnen einen Strich durch die Rechnung.

So gesehen sprach doch eigentlich alles für Uniformen und manchmal stellte Veronika sich für jeden Stand eine eigene Kleiderordnung vor, selbst für die, die noch auf der Suche nach einer Arbeit waren. So wüsste jeder gleich Bescheid und keiner könnte hochstapeln und so tun, als sei er jemand anders, ebenso wie sich keiner verstecken könnte.

Tatsächlich aber war Veronika vor allem deshalb Briefträgerin geworden, weil sie als Kind nie Post bekommen hatte. Ihr Elternhaus wurde niemals von einem Briefträger besucht. Nicht einmal von einem Paketträger. An diesem Ort hatte es keinen Sinn, auf gute Nachrichten oder überhaupt auf Nachrichten zu warten. Denn Veronikas Vater hatte ein Postfach gemietet und dort landete ohne Ansicht der Person einfach alles, was zum Haus in der Birken-

straße 31 und dem dazugehörigen Laden in der Haupt-
straße 4 gehörte: Telegramme für den Großvater ebenso
wie später die auf hellblauem Papier geschriebene Liebes-
briefe jener jungen Männer, die Veronika den Hof machten.
(Übrigens auch einer von Leander Müller-Seemannshausen, in dem dieser ständig einen unausgesprochenen Satz
reklamierte.)

Es war die Zeit der Brieffreundschaften, aber Veronika
hatte keine Chance auf Privatsphäre. Alles, was in der Haus-
nummer 31 hätte landen sollen, verschwand in dem riesigen Postfach mit der Nummer 66 und wurde von dort

aus lieblos in einen Wäschekorb
geschüttet und schnurstracks zum
Schreibtisch des Vaters getragen, der
sich dann Brief für Brief von dem
wohl teuersten Brieföffner der Welt
öffnen ließ. Zumindest nannte Veronikas Mutter den Prokuristen ihres
Mannes so, denn schließlich verbrachte der den ganzen
Vormittag mit nichts anderem, als Briefe aufzuschlitzen,
und zwar ohne Rücksicht auf Anschrift und Absender,
einen nach dem anderen, ritsche, ratsche ...

Freundschaftsbriefe für Veronika, Werbeanzeigen für
den Großvater, handgeschriebene Rezepte für die Groß-
mutter und neben den Geburtsanzeigen ihrer Freundinnen
vor allem Rechnungen für Veronikas Mutter. Kein einziger
dieser Umschläge war auch nur ein einziges Mal ungeöffnet in Veronikas Elternhaus gelandet. Hier gab es kein
Postgeheimnis. So aufgerissen sahen sie verletzt aus. Der
Briefschlitzer hatte sie wie mit einem Dolch verwundet.
Ein Wunder, dass sie nicht bluteten.

Manchmal kamen auch Postkarten. Die jedoch hielt keiner der die Post bearbeitenden Herren für so wichtig, als dass Veronikas Vater sie mit heimgebracht hätte. Er selbst las sie zwar, vergaß jedoch ihren Inhalt und sammelte sie auf einem Stapel. Dort hatte die Mutter sie einmal gefunden und Neuigkeiten erfahren, die Monate zurücklagen. Damals wäre es fast zur Scheidung gekommen.

So konnte man doch nicht mit den persönlichen Nachrichten anderer umgehen, hatte Veronika sich als kleines Mädchen gedacht und sich geschworen, es irgendwann anders zu machen, und zwar dann, wenn sie groß wäre. Und so war es dann ja auch gekommen. Da mochte ihr Mann Siegmund oder gar dieser geschwätzige Müller-Seemannshausen doch denken, was sie wollten. Sie liebte ihren Beruf, sie gab Briefe und Päckchen ungeöffnet an die Empfänger weiter. Und sie betrachtete das auch als Freundschaftsdienst.

Natürlich gab es Leute, zu denen sie lieber fuhr als zu anderen, aber niemals wäre sie auf die Idee gekommen, einen aufgeschlitzten Briefumschlag zu überreichen. So etwas tat man nicht. Es gab Regeln.

In ihrem Kundenkreis gab es Sorgenkinder und Leichtfüße.

Heute würde sie zum ersten Mal den Bewohner der Fabriketage sehen. Früher hatten hier Textilmaschinen gestanden, aber die Weberei war in Konkurs gegangen. Wie sich das anhörte. Als sei sie nur mal kurz in Urlaub gegangen. Als sei es ein freiwilliger Schritt und nicht etwas, was den Leuten schicksalhaft widerfuhr.

Veronika seufzte und klingelte. Wo früher Webmaschinen standen, richtete sich nun jemand häuslich ein. Ein etwa 30-jähriger Mann kam ihr entgegen. »Endlich!« Er strahlte sie an. »Was meinen Sie, wie lange ich schon darauf gewartet habe! Kommen Sie herein.«

Sie zögerte kurz, betrat dann aber das große und noch fast leere Stockwerk, in dem alles weiß zu sein schien. Weiße Böden, weiße Wände, weiße Decken, weiße Tische und weiße Stühle. Selbst die Computer waren weiß. »Ich bin noch nicht ganz eingerichtet«, erklärte der Mann in dem blauen Arbeitsoverall, »aber hier ist das Licht gut. Und das tut mir gut.«

Veronika trat an eines der Doppelfenster und blickte von dort direkt auf das Haus der Bäuerin. Deren elf Hühner scharrten im Garten. Aus dem Küchenfenster der Hühnerbaronin schienen goldene Strahlen zu blitzen und direkt in die weiße Etage zu zielen. Die Postbotin drehte sich um. Auf einem der Bildschirme hockte eine winzig kleine weiße Figur mit übereinandergeschlagenen Beinen und schien ihr zuzuzwinkern.

»Ich heiße übrigens Vadim«, sagte der Briefempfänger. »Schön, dass wir uns kennenlernen.«

Sie sah ihn an und wusste: Vadim war ein Sorgenkind. Aber waren Sorgenkinder nicht da, um sie in Glückskinder zu verwandeln?

Herbst

Kontakt

Vadim legte den Klebstoff für seine Modellbauten beiseite. »Kontakt« stand auf der Kunststofftube. ›Was für ein eigenartiges Wort‹, dachte er, wie er überhaupt in letzter Zeit damit begonnen hatte, über Wörter nachzudenken. Er war eindeutig zu viel allein.

Vor Jahren hatte er einmal eine Kontaktanzeige aufgegeben und sich für das erste Rendezvous sogar Kontaktlinsen zugelegt. Er erinnerte sich, dass er damals das Gefühl hatte, die Dinger würden jucken. Auf jeden Fall hatte er sich so lange die Augen gerieben, bis die Linsen herausgefallen waren und er Ines – so hieß sie doch? – nur noch verschwommen wahrnehmen konnte.

Aus dem Kontakt mit der Frau war nichts Festes geworden, dafür aber klebte nun eine dieser Glaslinsen als Uhrenglas an der Bahnhofsuhr einer Modellanlage; vielleicht war es die linke, möglicherweise auch die rechte. Hinter dem abgerundeten Glas standen die Zeiger seitdem immer auf fünf vor zwölf. Er hätte sie auf fünf nach Zwölf stellen sollen, als Zeichen dafür, dass alles immer weiterging.

Vadim musste lächeln.

Das war lange her und diese Ines hatte ihm geraten, sich einen Hund zuzulegen. Nun dachte er, dass er den dann Konrad nennen könnte. Stand schließlich das Wortteil »Kon« nicht für zusammen? Kontakt hieße demnach »mit Berührung« und natürlich würde er den Hund auch streicheln. Ein Hund namens Kon-Rad könnte dann mit ihm zusammen unten auf der Wiese Purzelbäume oder besser noch ein Rad schlagen? Oder gar ihm etwas raten?

Schluss mit solchen Gedanken. Vadim kochte sich einen Kaffee.

Und schon wieder klopfte ein Wort mit der Verbindung »Kon« an. Sie schienen vor seinem Atelier Schlange zu stehen und darauf zu warten, in Vadims Kopf hineinhüpfen zu dürfen. Als gäbe es dort nicht andere Dinge hin- und herzuwälzen.

Diesmal war es das Wort Konkurs. Zwei Silben, die ihn immer noch schmerzten. Er stellte sich vor, dass seine einstigen Arbeitgeber auf seit Langem festgelegten Koordinaten den Kurs in die Insolvenz eingeschlagen hatten, ohne ihn mit in ihr Boot zu nehmen. Sie hatten Fahrt aufgenommen und waren davongesegelt; Vadim aber saß nun in dieser Fabriketage und hatte sich selbst dazu verdonnert, Modellhäuser, ganze Städte, futuristische Architekturmodelle und historische Burganlagen im Miniaturformat zu bauen.

Seine präzise gearbeiteten Objekte verließen ihn, sobald sie perfekt waren, und was ihn daran am meisten betrübte, waren die zurückbleibenden leeren Arbeitstische. Die Modelle verschwanden und winkten ihm zum Abschied nicht einmal mehr zu. Einzig die Möbelschlepper der Speditionen fluchten über die sperrigen Konstruktionen.

»Lasst sie einfach hier«, hätte er dann am liebsten gerufen; aber er wusste, dass sie ihm schon nicht mehr gehörten.

Irgendwann aber würde er etwas bauen, das bei ihm bliebe. Insgeheim und nur für sich sprach er von »Vadims verwunschener Villa«, denn das wäre etwas, was nicht nach den Plänen anderer entstünde, sondern allein seinen Vorstellungen entsprach.

Wahrscheinlich aber wäre er dafür erst reif, wenn er mit sich selbst in Kontakt käme. Er erschrak: Er führte Selbstgespräche, das war bedenklich. Und schon wieder Kon … Diese Kon-Worte schienen ihn heute regelrecht zu verfolgen. Was für ein Tag. Herbstanfang stand auf dem Abreißkalender. Hätte er einen Hund namens Konrad, so müsste er nun mit ihm Gassi gehen. Mindestens dreimal am Tag. Egal bei welchem Wetter. Aber dann käme er wenigstens raus.

Und dann würde er die Post verpassen. Doch gerade das wäre heute ärgerlich.

Schon seit einigen Tagen wartete er auf Konstruktionspläne zu einem gläsernen Wohnturm voller verwunschener Orangerien und in hellblaues Licht eingebetteter Foren. Dieser Arbeit würde ihn fordern, hatte der Museumsdirektor am Telefon gesagt, aber im gleichen Atemzug gewusst, dass es nur einen Menschen auf der Welt gab, der die Pläne umsetzen könnte. Und das sei Vadim. Solche Sätze taten gut.

Lange vor der Zeit waren die etwa zwei Zentimeter hohen Modellmenschen, die dieses Haus bewohnen sollten, von einer Postbotin gebracht worden und lagen nun, erwartungsvoll und bleich und in verschiedenen Posen in schwarzen Samtschachteln.

Er hatte sich fest vorgenommen, nicht mit ihnen zu reden. Sie waren nur aus Plastik und sie hatten ihm nichts zu sagen. Dennoch hockte an diesem Morgen eine von ihnen auf der oberen Bildschirmkante seines Computers und er wusste, dass sie Constanze hieß.

Der handgezeichnete Plan des Glasturmes war immer noch nicht eingetroffen. Vadim merkte schon seit Tagen, wie es ihn in den Fingern juckte. Er wartete, wie er als Kind auf Weihnachten gewartet hatte.

Endlich klingelte es.

Diese Briefträgerin hatte er noch nie zuvor gesehen. Sie kam herein, gab ihm die Hand und sagte: »Ich bin seit heute für Sie zuständig!« Erst dann suchte sie in ihrer großen Umhängetasche nach seiner Post. Es war ein dicker Umschlag dabei. Der gefaltete Konstruktionsplan. Sein Herz hüpfte.

»Endlich!« Wieso teilte er das ausgerechnet der Postbotin mit?

Sie lächelte ihn an. »Ich mache Ihnen eine Freude mit diesem Brief? Sehen Sie, genau so soll es sein.«

Vadim runzelte die Stirn. Wen hatte er denn da vor sich? Eine Botschafterin des Glücks? Als ihre Blicke sich trafen, war es, als ginge ein Leuchten von ihr aus, das auf ihn übersprang. Er schüttelte sich, aber das angenehme und leichte Gefühl blieb.

»Bis morgen«, sagte die Briefträgerin, wandte sich an Vadims Computer und winkte dem Plastikfigürchen zu.

Die sitzende Puppe schien zu nicken. Von genau diesem Moment an sollte Vadims Leben kopfstehen.

Puzzle

Vierzig, dachte Vadim. Das war mehr als ein Drittel. Vierzig Jahre würde er werden – da fehlten nur noch Tage, aber hundertundzwanzig Jahre? Niemals! Dieses Wissen machte ihn verwundbar.

Und zudem war er allein. Es gab Tage, an denen fühlte er sich wie ein Behinderter, wie einer, dem etwas fehlte: vermutlich ein Gegenüber, von dem er sich erkannt fühlte und das er erkannte. Aber so etwas lag nun mal nicht einfach in der Auslage eines Schaufensters und wurde zum Kauf angeboten. Schade eigentlich. Er würde zum Händler des Glücks sagen: »Die nehme ich. Wenn es sein muss, zahle ich in Raten.«

»Dann darfst du sie auch nur in Raten kennenlernen«, antwortete der Händler seiner Fantasie, »und ihr an jedem Tag lediglich eine Frage stellen.« Das war nicht viel. Da würden sie mehr als hundertzwanzig Jahre brauchen, um sich kennenzulernen.

Er hatte viel gearbeitet in den vergangenen Tagen und Nächten. Der Glaspalast wuchs und wenn der fertig wäre, käme die Einsamkeit zurück.

Über den Ort wölbte sich ein silbergrauer Himmel. Vadim betrachtete die am Boden liegenden Kunststoffteilchen. Sie waren heruntergefallen, als er die Platten des Modells auf Maß gefräst hatte. Sie ließen ihn an ein Puzzle denken. Vielleicht war das Leben ja nichts anderes als ein Puzzle, das sich im Laufe der Jahre aus den unterschiedlichsten Erfahrungen zusammensetzte und dann, wenn es endlich vollkommen wäre und man staunend das Eigentliche des Bildes erkennen konnte, war es vorbei. Das Leben.

Mit einem ersten und letzten Erkennen zugleich. Aus wie vielen Teilen mochte sich sein Lebenspuzzle zusammensetzen? Bestimmt war es so kompliziert, dass sich niemals ein sinnvolles Bild ergeben würde. Er schüttelte sich. So etwas dürfte man gar nicht denken. Er war nichts Besonderes, er war genauso wie die anderen. Die kleine weiße Figur auf dem Bildschirmrand leuchtete, als gäbe sie ihm recht.

Veronika, die Briefträgerin, hatte ihm vor ein paar Tagen von einem Mann erzählt, der auf einen ganz bestimmt Satz wartete. Sein Leben lang schon. Der Mann selbst kannte diesen Satz, aber eine andere sollte ihn zu ihm sagen. Und deshalb verriet er ihn nicht. Niemandem. Vielleicht murmelte er ihn heimlich vor dem Spiegel vor sich hin, ruhte sich darin aus und war glücklich. Vadim wünschte es ihm, obwohl er ihn nicht kannte.

Kopfschüttelnd betrachtete er die weiße Constanze, die mit ihren zwei Zentimetern Größe sehr präsent auf seinem Computerbildschirm hockte. Wartete die etwa auch auf einen bestimmten Satz?

Und was wäre, wenn er den fände? Wäre es dann wie beim Froschkönig und es stünde eine Prinzessin vor ihm? Er wollte keine Prinzessin. Er wollte einen Menschen, der sich mit ihm wohlfühlte und in dessen Nähe er sein konnte. Einfach nur sein, nichts darstellen müssen. *Welch großes Kleinod, einfach sein, statt gelten.* Hieß es nicht so ähnlich in einem Gedicht?

So eine aber hatte er bislang noch nicht getroffen. Wenn er eine Frau interessant fand, wandte sie sich ab, und spürte er, dass sie sich für ihn interessierte, so bekam er es mit der Angst zu tun.

Der Konkurs hatte sein Leben von heute auf morgen verändert und auf ein völlig anderes Gleis gestellt. Hier in der kleinen Stadt kam er mit seinen Modellbauten so einigermaßen über die Runden und wo sonst hätte er für diesen Mietpreis ein derart lichtdurchflutetes Atelier gefunden? Vadim liebte es, morgens und abends an die Fenster zu treten und auf die Häuser zu schauen. Direkt im Südosten lebte eine Bäuerin mit genau elf Hühnern; wenn sein Fenster geöffnet war, hörte er, wie sie die mit elf verschiedenen Namen rief. Ob sie auch deren Eier namentlich beschriftete? Die Briefträgerin hatte ihm verraten, dass die Bäuerin ihre Eier nur für eigenes Backwerk verwendete, das jedoch verschenkte sie an ihre Besucher. Ob er einfach mal dort hingehen sollte, um sich als Nachbar vorzustellen? Morgens, wenn die Sonne direkt auf das Fenster der Bäuerin schien, hatte Vadim das Gefühl, als strömten Schübe an Lebensmut, Zuversicht, Zufriedenheit und sogar Glück von dort in seine Richtung. Aber das bildete er sich sicher nur ein.

Er schüttelte sich und trat an das Foto seiner futuristischen Hochhaussiedlung. Die Arbeit an diesem Modell hatte ihn traurig gestimmt. Vermutlich würden dort nur Singles einziehen.

Aber auch die Bäuerin war allein und schien mit sich zufrieden zu sein. Seit Kurzem jedoch wurde sie mehrmals in der Woche von einem älteren Herrn besucht, der mit seinem weißen Anzug und dem weißen Hemd – trotz roter Krawatte und roten Schuhen – besser in Vadims Atelier gepasst hätte als auf den Hof der Bäuerin. Ob er ihr den Hof machte? Die Hühnerfrau wirkte eher unglücklich, wenn er mit einem Blumenstrauß an ihrem Gartentor auftauchte und sofort zu reden begann. Diesem Besucher übrigens hatte sie noch nie ein Stück Torte angeboten. Das ließ ja auch tief blicken.

Vadim seufzte. Frauen waren für ihn Wesen, die Kuchen backen konnten. In Gedanken setzte er sich ein Puzzle seines zukünftigen Lebens zusammen und das Bild seiner Sehnsucht zeigte auch ein Stück Kuchen. Das wiederum erinnerte ihn an sein erstes und einziges Speed-Dating. Ausgerechnet die Frau, die ihm auf Anhieb gefallen hatte, hatte sich mit folgendem Satz bei ihm vorgestellt: »Ich kann weder backen noch singen.« Das Singen wäre ihm egal gewesen. Aber Kuchen backen … danach sehnte er sich. Er wandte sich an die winzige Constanze-Figur und murmelte nur ein Wort: »Biskuitrolle?« Und genau da fiel ein goldgelber Lichtstrahl in sein Atelier und vor seinen Füßen lag ein Puzzleteilchen. Er hob es auf und lächelte.

Kartendecks

Eine der ersten Frauen, die er in seinem Forum kennengelernt hatte, war Hobbymalerin und behauptete von sich, glücklich zu sein. Glücklich und zufrieden und im Einklang mit sich selbst. Das hatte Vadim die Sprache verschlagen. Tatsächlich hatte sie auch so auf ihn gewirkt und er erinnerte sich, dass er sie schon allein deshalb schön und außergewöhnlich fand, weil sie diesen inneren Frieden ausstrahlte, auch wenn an ihr nichts Besonderes war. Aber so einen Menschen hatte er noch nie getroffen. »Du hast tatsächlich keine Wünsche?« Er konnte es nicht fassen.

Sie hatte den Kopf geschüttelt und ihn angestrahlt. »Nein.«

Aber warum begab sie sich dann auf Partnersuche? Immer wenn er an die Malerin dachte, fragte Vadim sich, warum er ihr diese Frage nicht gestellt hatte. Stattdessen hatte er sich von ihr einladen lassen und sie in ihrem »Atelier« besucht, das genau das halbe und ansonsten als Abstellkammer genutzte Zimmer in ihrer zweieinhalb Zimmer großen Wohnung einnahm, quasi in das letzte Eck ausquartiert worden war.

Der Kuchen, den sie für ihn gebacken hatte, sank, kaum hatte er den Backofen verlassen, in sich zusammen und entwickelte die Konsistenz von zähen und zugleich labberigen Tintenfischringen. Die Bilder, die sie ihm zeigte, offenbarten einen erheblichen Mangel an Talent und eine ungute Mischung zwischen Realismus und Abstraktion. Es schauderte ihn.

»Hast du schon eines verkauft?«

Sie schüttelte den Kopf. »Nein, ich male nur für mich.«

Und als er das Wohnzimmer betreten hatte, wo der Tisch bereits gedeckt gewesen war, wurde er von vier Wänden voller Gemälde erschlagen; einzig der Platz für die Tür bot seinem Auge Halt. Selbst die Fensterfronten waren mit Hinterglasbildern zweifelhafter Qualität zugepflastert.

»Na, wie findest du es?«

»Petersburger Hängung«, hatte er hilflos geantwortet, um sich vor einem ›Gut‹ oder ›Geht so‹ zu drücken, und sie darüber aufgeklärt, dass die reichen russischen Sammlerfürsten einst alle Bilder, die sie sich kauften, so eng nebeneinander platzierten, dass die Tapete nicht mehr sichtbar war, dafür aber ihr Kunstsinn.

Sie empfand es als Kompliment, strahlte ihn an und stellte fest: »Dann hat sie also recht gehabt.«

»Wer?«

»Die Wahrsagerin.«

Tatsächlich war diese Malerin, deren Namen Vadim schon lange vergessen hatte, eines Tages bei einer Wahrsagerin gewesen, die nach dem Legen vieler Kartendecks erstaunt vor sich hingemurmelt hatte: »Sie sollten malen.«

Vadim hatte sich seither oft gefragt, ob damit nicht das Malen im Sinne von Anstreichen gemeint gewesen war. Es ging doch nichts über präzise Bezeichnungen. »Seine«  Malerin aber hatte diese Anregung der Hellsichtigen als Einladung zur Künstlerexistenz verstanden und sich von dem Moment an, an dem sie sich Pinsel, Farben und Leinwände gekauft hatte, zufrieden und ausgeglichen gefühlt. Malen war ihre Berufung. Nichts mehr fehlte ihr. Sie hatte sich tatsächlich ihren eigenen Mikrokosmos des Glücks geschaffen und sich vortrefflich darin eingerichtet. Vadim beneidete sie darum.

Damals wohnte er noch in der großen Stadt und immer, wenn er an die Malerin dachte, bekam er Bauchschmerzen. Das konnte nur an dem Kuchen gelegen haben. Schließlich hatte der nicht nur nach laschem Zement geschmeckt, sondern war wie feuchter Baustoff in seinem Magen gelandet, um sich dort klammheimlich in Wackersteine zu verwandeln.

Die Steine hatten sich, zumindest war es ihm so vorgekommen, wochenlang dort hin- und her gewälzt und ihn

somit an die Malerin und naturgemäß an deren Zukunftsdeuterin erinnern. Was hätte die ihm, dem aufstrebenden
Architekten geraten? Was würde ihn erfüllen?

Bedenklich war, dass ihm auch dazu keine Vision gekommen war. Er sah sich nicht einmal als Baumeister.

Vermutlich riet eine gut bezahlte Zukunftsdeuterin allen
Leuten so ungefähr das Gleiche: Sie sollten ein Bild malen,
eine Skulptur schnitzen, machen Sie was mit Ton oder Por-
zellan – schreiben Sie eine Symphonie. Lauter Dinge, die
den Einzelnen von der Masse abhoben. ›Ich bin Künstler‹,
konnte der sich dann denken und stolz auf sich sein. Kein
einziger Kartenleger würde seinen Klienten als Erfüllung
etwas so Profanes wie Fensterputzen, Kartoffelschälen, Un-
krautrupfen oder Bügeln anbieten. Dabei bestand das Leben
doch vor allem aus diesen Dingen.

Er sah aus dem Fenster. Die Hühnerbäuerin listete ihren
elf Hühnern ihre Träume und Pläne und die zu erfüllenden
Alltäglichkeiten auf und sammelte dabei deren Eier ein. Das
machte sie so zufrieden, dass sie auf den weißbeanzug-
ten Dandy mit seinen roten Schuhen verzichten konnte.
Vadim hegte den aberwitzigen Verdacht, dass der alte Herr
nur deshalb tagtäglich in roten Schuhen und roter Fliege
antrat, um die elf Hühner seiner Angebeteten zu beein-
drucken. Irgendwann würde er sich seine Fliege auf die
Stirn binden – hahnenkammgleich.

Seit einigen Tagen wartete Vadim auf das kleine Männlein, dem möglicherweise ausgerechnet eine Wahrsagerin
was von Hühnerfrauen erzählt hatte. So redete er es sich
ein. Tatsächlich aber kam vormittags gegen neun ein Leuchten aus dem Bäuerinnenhaus und Vadim hätte niemals zu-
gegeben, dass er insgeheim darauf wartete. Es tat ihm gut.

Es umhüllte ihn in gleichem Maße mit Zuversicht wie die Strahlen, die immer dann, wenn er gerade nicht hinsah, vom Constanze-Püppchen in seine Richtung zu blitzen schienen und ihn ins Hier und Jetzt eintauchen ließen. Wenn er dann an seine Arbeit ging und die Ideen anderer in Modelle verwandelte, gelang es ihm, ganz im Augenblick zu sein. Und in jedem einzelnen dieser Augenblicke war er glücklich.

Rapunzel

In der Früh hatte ein Netz von schlohweißen Fäden über den Bäumen und Sträuchern der Hühnerbäuerin gelegen. Altweibersommer, hatte Vadim gedacht. Tatsächlich erinnerten die silbrigen Fäden an das graue Haar älterer Menschen, als hätten die über Nacht sehr viel Haar lassen müssen.

Er strich sich über seinen dunkelblonden Schopf. Die Geheimratsecken wurden auch immer größer. Er seufzte. Heute stand wieder mal ein Date an.

Eine sinnlose Aktion. Es war aussichtslos, sich mit Menschen zu treffen, für die das Suchen aufregender war als das Finden. Diese Haltung hatte er bei sich selbst auch schon wahrgenommen: Kaum sagte ihm sein Verstand, mit der da wäre es möglich, schon packte ihn eine ungewohnte Abenteuerlust und warnte: Du willst dich doch wohl noch nicht festlegen?! Belass es doch in der Vorläufigkeit. Von der Vorläufigkeit allerdings hatte er eigentlich die Nase voll.

Und auch von diesem kleinen Oberlehrer, der rechts oben in seinem Hinterkopf saß und sofort nach Mängeln suchte: Die kann zwar backen, aber ihre Ohren stehen ab. Die kann interessant erzählen, aber ihre Stimme ist zu schrill. Die ist sehr schön und wird dich daher sofort wieder verlassen. Finger weg!

Wieder einmal blickte er aus dem Fenster und dachte, dass sein Leben etwas von einer Spirale hatte, auf der er mit zunehmender Geschwindigkeit nach unten rutschte; dort erwartete ihn eine immer größer werdende Enge und Dunkelheit – und letztendlich die Nacht. Was nutzte da schon ein helles Atelier als Gegenentwurf? Nicht viel.

Bei der Hühnerfrau stand erneut der weißgekleidete Mann vor dem grüngestrichenen Gartentor. Vadim überlegte, ob die zwei sich in einem Forum kennengelernt haben mochten. Oder per Zeitungsannonce? Auf keinen Fall über ein Heiratsinstitut, dachte er. Gab es das heute eigentlich noch? Das Wort klang nach Großmuttersprache. Dennoch: Bäuerin und Dandy, das war garantiert keine Kombination, die – in welchen Partnervermittlungen auch immer – als Renner galt.

Wenn er sich selbst mit jemandem zusammenbringen müsste – wie sähe seine Wahl aus? Er fand keine Antwort und vor seinem inneren Auge erschien eine weiße Wand. Er schüttelte über sich selbst den Kopf. Wie um Himmels Willen sollte er nach jemandem suchen, wenn er sich kein Bild davon machen konnte. »Ich bin ein Trottel«, schalt er sich laut und hatte den Eindruck, als würde ihm das Constanze-Püppchen auf dem Bildschirmrand mit erhobenem Daumen recht geben. Die mischte sich schon viel zu sehr in sein Leben ein.

»Erzähl mir was von Angelika«, rief er ihr zu. Aber das Püppchen schwieg. Wie immer.

Vadim hatte sich für genau halb acht mit Angelika in einem französischen Restaurant verabredet. Sie schwärmte für die leichte französische Küche, wobei sie dem Wort ›Leicht‹ ein besonderes Gewicht verlieh. Ebenso hatte sie ihm klar und unmissverständlich zu verstehen gegeben, dass sie was Solides suche, und Vadim ahnte: Solide war er nicht. Sie klang, alles in allem, nach Problemen. Menschen wie er, Überbleibsel einer Konkursmasse und ohne regelmäßiges Einkommen, waren für jene, die voll mit ihrer Zukunftsplanung beschäftigt waren, nicht gerade die prickelndste Option. Mit ihm würde diese Angelika kein Haus bauen können – höchstens ein Luftschloss. Genau, das würde er ihr anbieten, wenn sie ihn nach seinen Plänen fragte: ›Ich bau dir eine Burg, eine Festung – aus Papier.‹ Dann strich sie ihn gleich aus ihrer Liste potenzieller Kandidaten.

Er fragte sich, warum er überhaupt hinging. Morgen würde er sich aus dem Partnersuchforum verabschieden. Morgen würde alles besser werden, morgen würde er von vorne beginnen. Er seufzte aus tiefstem Herzen und sein Blick fiel auf das Constanze-Püppchen.

›Für dich kann ich ein Luftschloss bauen, du bist ja selbst nur Luft und Fantasie‹, grinste er. Sie schien ihm tatsächlich zuzuzwinkern. Vermutlich wurde er langsam seltsam. Er sollte auf sich aufpassen.

Nachdenklich stellte er sich vor das fast fertige Konstrukt der futuristischen Hochhaussiedlung, warf dem Plastikpüppchen einen spöttischen Blick zu und setzte in Windeseile zusammengefaltete zierliche Türmchen mit runden Dächern auf jedes einzelne der Hochhäuser, und zwar genau dorthin, wo eigentlich die Handymasten stehen sollten. ›Du bringst mich nur auf dumme Ideen‹, murmelte er und spürte, dass er nun, da er ganz im Hier und Jetzt lebte, rundum glücklich war. Er war wieder der kleine Junge, der Türmchen konstruierte und diese mit langhaarigen Prinzessinnen bevölkerte, die ihr rapunzellanges Haar hinabwallen ließen und ihm zulächelten. Er war ganz bei sich. In keiner Vergangenheit, keiner Zukunft, dafür im alles durchdringenden Jetzt.

Dickhäuter

Vadim schritt durch sein lichtdurchflutetes Loft. Er fragte sich, warum er Angelika dann doch nicht zu sich eingeladen hatte. Hier gab es nichts, wofür er sich schämen musste. Er drehte sich einmal um seine eigene Achse und stutzte. Konnte es sein, dass das etwas mit dem Plastikfigürchen auf dem rechten der beiden Bildschirme zu tun hatte? Dann begann er tatsächlich zu spinnen! Er hätte Constanze doch problemlos in einer Schublade verschwinden lassen können.

Ihm selbst wäre ihre Gegenwart weiterhin bewusst geblieben, während Angelika ahnungslos durch den großen Raum geschritten wäre. Er hätte sich ständig von dem weißen Modellpüppchen in Daumennagelgröße beobachtet gefühlt und säße es gar bei Angelikas Besuch weiterhin auf der Bildschirmkante, so hätte die es auf ihre Fingerspitze gesetzt und festgestellt: »Das ist aber süß.« Es hätte sie versöhnt, in all der nüchternen Sachlichkeit ein weißes Püppchen vorzufinden, dem sie am liebsten sofort ein rotes Kleidchen angezogen hätte.

Und mit *seiner* Constanze in *ihrer* Hand wäre sie durch die aufgestellten Modelle geschritten und hätte nach einem geeigneten Haus für Constanze gesucht. Doch niemand, nur er, durfte das Püppchen berühren. Es war ein Modell seiner Zukunft und der durfte niemandem einfach so ein rotes Kleidchen überwerfen.

Durch die Fenster drang ein Leuchten und schien sich auf den Standort des Püppchens zu konzentrieren. Seit einigen Monaten blitzte es allmorgendlich auf und seitdem, so meinte Vadim, ging alles ein bisschen einfacher. Er spürte nun eher, was ihm nicht guttat, allerdings wusste er immer noch nicht, was er wirklich brauchte, um mit sich in Frieden zu leben. Aber ein Plastikpüppchen würde ihm diese Erkenntnis nicht bringen! Unglaublich, was er sich schon wieder für Gedanken machte. Eigentlich war Angelika ganz nett gewesen, bis auf ihre schrille Stimme. Klar geworden war ihm das allerdings erst, nachdem er sein Atelier wieder betreten hatte – und zwar allein. Was Angelika wohl zu den mittelalterlichen Türmchen auf der futuristischen Großstadt gesagt hätte? Vermutlich hätte sie gelacht und geglaubt, das sei ein speziell für sie angefertigter Witz. Und wenn er dazu nicht augenblicklich genickt hätte, so hätte sie ihm einen Vortrag gehalten über das Kind im Mann und wie wichtig es sei, diesen kleinen Jungen mal rauszulassen. Ausgerechnet sie, die als Kindergärtnerin die Kleinen wie Erwachsene zu behandeln pflegte.

Er erinnerte sich an eine ihrer allerersten Fragen im Restaurant, während sie eine Auster mit Zitrone beträufelte, mit Salz bestreute und zufrieden das zuckende Fleisch betrachtete, bevor sie es aus der Schale puhlte. »Mögen Sie Kinder?«

Er wusste, dass sie ein Ja erwartete und dass der Abend bei einem Nein seinerseits nicht nur zu früh, sondern auch sehr plötzlich geendet hätte. Tatsächlich aber hatte er noch nie darüber nachgedacht. Vadim empfand seine jetzige Lebensphase als vorläufige Vorläufigkeit. Zwar machte er im Moment nicht genau das, wozu er sich berufen glaubte; er gab den Zeichnungen und Plänen anderer Gestalt und setzte fremde Gedankenkonstruktionen dreidimensional als räumliche Darstellung um. Aber er griff nicht ein und veränderte nichts. Worauf er sich augenblicklich konzentrierte, war die Übung in Abstinenz. Angelika dagegen konzentrierte sich auf Dominanz. Vor wenigen Tagen hatte Vadim das komplizierte und sehr unelegante Objekt eines absolut talentfreien Baumeisters zusammengefügt und gejammert, weil er es tausend-
mal hätte besser machen können,
aber Constanze hatte ihm von ihrem
hohen Bildschirmrahmenross herab das
Wort Demut zugerufen. Er hatte es eher
gespürt als gehört. Demut – was für ein selten benutzter Begriff. Er hatte ihn dankbar angenommen, stand er doch dafür, dass man das, was man tat, klaglos und ohne Murren vollendete und allein der Sache diente.

Angelika diente ihren Kindergartenkindern nicht. Das hatte er gleich herausgehört. Die Kleinen hatten zu ihr aufzuschauen und korrektes Verhalten wurde belohnt. Ihm war blümerant gewesen, als sie das mit aller Selbstverständlichkeit verkündete. »Und die Eigenheiten?«, hatte er vorsichtig nachgefragt. »Die stehen ihnen später nur im Wege. Sie müssen lernen, sich anzupassen. Wer durch meine Schule gegangen ist, hat ein dickes Fell.«

Möglicherweise war es genau diese Bemerkung gewesen, die ihn zurückschrecken ließ. »Ein dickes Fell!« Er sah sie vor sich, wie sie jedes einzelne der zu behütenden Kinder in Elefantenhaut einwickelte. Grau sahen die dann aus und stolperten unbeholfen und wie mit Scheuklappen versehen durch den Tag. Angelika selbst hatte auch ein graues Kleid getragen. Das fiel ihm nun ein. Und sie hatte Grauburgunder getrunken – nein, das ging zu weit. Er schüttelte den Kopf. Und sie war dickköpfig und dickhäutig, wie sie selbst betonte, aber geübt darin, besonders süße Kuchen zu backen.

Sie passte nicht zu ihm. Es war gut, dass Constanze sie nicht in dieses Loft gelassen hatte.

Spiegelschrift

Er wurde wach, weil Worte um ihn herumplätscherten. Ein Fluss von Worten, deren Sinn er nicht verstand, gesprochen von drei unterschiedlichen Stimmen. Und die letzten seiner Traumbilder zeigten ihn als vierjährigen Jungen, der an der verschlossenen Wohnzimmertür lauschte. Da drinnen besprachen Erwachsene Dinge, für die er noch zu klein war. Jetzt war er groß und dennoch verstand er nicht den Sinn der Worte, die weiterhin in sein Loft drangen. Irritiert blickte er sich um. Hier war niemand. Wie sollte es auch? Vadim schloss sämtliche Aufgänge zu seinem Reich immer sorgfältig ab. Als wären bei ihm geheimnisvolle und höchst kostbare Dinge versteckt. Dabei hauste er ganz alleine und besaß nichts außer Plänen, Plastikfolien, Pappe und Papier.

Draußen wehte ein kräftiger Wind. Die mannshohen Fenster waren schon jetzt, Mitte Oktober, leicht beschlagen. Wie würde der Winter werden? War die Fabriketage gut isoliert oder würde er sich arm heizen müssen? Er könnte sich natürlich auch sehr, sehr warm anziehen, in Skiunterwäsche schlafen, morgens in einen Skianzug steigen, sich eine Strickmütze über den Kopf ziehen. Er würde dann während des ganzen Winters wie ein Michelin-Männchen aussehen.

Er ertappte sich dabei, dass er lächelte. Einfach so. Nur für sich.

Unten, am Tor der Hühnerbäuerin, standen der Weiße Anzug und die Briefträgerin. Die Bäuerin hatte sich hinter dem Tor aufgestellt, die anderen beiden davor. Dann gab es heute wohl keinen Kuchen. Weder für Veronika noch für den Rotschuhdandy. Vadim lächelte erneut. Es tat gut.

Hinter sich spürte er Constanzes Gegenwart und fragte sich, ob das Plastikpüppchen ein Geschenk seines Schutzengels sein mochte. Der hatte es dorthin gesetzt, damit Vadim sich seiner bewusst war.

Lautlos öffnete er das Fenster einen Spalt. Es hatte die Größe einer Terrassentür, doch wenn er sie durchschreiten würde, landete er erst in der Luft – und schlüge später auf dem Boden inmitten der drei Diskutierenden auf. Also rührte er sich nicht vom Fleck. Und dachte an seinen Schutzengel.

»Warum muss es denn jetzt sofort sein?«, fragte die Postbotin den Mann in Weiß.

Der antwortete schnell und mit einer gigantischen Menge an Silben und Worten, wobei die Begriffe »wert« und »wertvoll« glitzernden Seifenblasen gleich an Vadim vorbei gen Himmel flogen. »Zu wertvoll um ...«, vermeinte der Modellbauer mehrfach herauszuhören und kniff erstaunt beide Augen zusammen. Der Dandy wollte offenbar die Bäuerin jetzt und sofort bezaubern, verführen, heiraten und besitzen – wenn auch nicht unbedingt in dieser Reihenfolge. Sie war ihm viel wert. Dandy ging offensichtlich davon aus, dass Liebe verhandelbar, organisierbar und erwerbbar war. Nun ja, die zwei da unten am Gartentor waren schließlich nicht mehr die Jüngsten; verständlicherweise hielten sie Haus mit ihrer Zeit.

Vadim trat ein paar Zentimeter zurück und blickte über die Kleinstadt hinweg, die sich an diesem Tag unter großen grauen Wolken duckte. Es beruhigte ihn, dass auch ältere Menschen noch Herzklopfen verspüren, dass dieses Begehren nicht nachlässt und man immer und überall von der Sehnsucht gepackt werden kann. Ehe man es sich versieht, blitzt sie in einem Leben auf. Wie ein Sonnenstrahl. Er fühlte tiefstes Verständnis für den Herrn in Weiß und dessen bislang aussichtsloses Werben. Der mit der roten Fliege wusste wenigstens, wie seine Liebste aussah, wo sie wohnte und wie sie auf ihn reagierte – für sie warf er sich täglich in einen seiner weißen Anzüge und machte ihr den Hof. Doch sie ließ ihn nicht einmal ihren Garten betreten. Vadim nahm an, dass die Bäuerin ihre ganze Liebe schon an ihre elf namhaften Hühner verschenkt hatte, die es ihr mit frischen Eiern dankten. So war da halt nichts mehr übrig für den namenlosen Herrn. Eigentlich schade! Möglicherweise aber hatte sie auch kein Talent zum Lieben. So wie manche nun mal kein Talent zum Singen oder Tanzen oder auch Kuchenbacken hatten. Andererseits: Alles war erlernbar.

Vadim stutzte. Ob es Kurse gab, in denen man lernen konnte, jemanden zu lieben? Er persönlich hatte noch nie davon gehört.

Nachdenklich sah sich um. Liebte er seine Arbeit? Er hätte es nicht zu sagen vermocht, aber es gab Augenblicke, in denen er sich aufgehoben und auf eigenartige Weise geschützt fühlte, wenn er an seinen Modellen baute und ganz im Hier und Jetzt war.

»Wenn alle immer Liebe einfordern«, verriet er nun dem Constanze-Püppchen, das seine Beine neckisch über den Bildschirmrahmen baumeln ließ, »dann muss auch jeder was davon haben. Sonst hat das alles ja keinen Sinn.«

Aus ihrer Ecke kam ein Leuchten.

Sie war vielleicht doch ein Geschenk oder eine Leihgabe seines Schutzengels und so wollte er von ihr wissen: »Kann ich Liebe trainieren?« Klar, dass sie keine Antwort gab. »Du bist ja nur ein Ding«, murmelte er, zog sich seine Schuhe und ein dickes Sweatshirt an und verließ sein Zuhause.

Unten vor der Tür waren die Verhandlungen am Gartenzaun beendet, das Tor dicht verschlossen. Weit weg sah er den weißen Mann mit hängenden Schultern um eine Hausecke biegen und verspürte ein zärtliches Gefühl für ihn.

In dem Stehcafé an der Ecke stand er allein an seinem Tisch. Die Besitzerin hatte ihm einen Cappuccino serviert und war sofort wieder in ihrer Backstube verschwunden.

An der Fensterscheibe stand in großen Lettern: »Kuchen mit Liebe gemacht«. Da er innen stand, las er die Worte in Spiegelschrift und fragte sich, ob Liebe ein Gewürz sei oder eine Backzutat wie beispielsweise Mehl, Zucker oder Zimt. Wie würde die Bäckerin wohl reagieren, wenn jemand an die Theke trat, die Glocke betätigte und dann sagte: »Ich hätte gern hundert Gramm Liebe – sie muss auch nicht extra im Kuchen verbacken sein«? Vadim schüttelte über sich selbst den Kopf und spann den Faden weiter. Ihm würde es gefallen, wenn die Caféhausbesitzerin dann antwortete: »Tut mir leid, aber davon habe ich nichts mehr. Die Nachfrage war heute einfach zu groß.«

Die Nachfrage wäre vermutlich immer zu groß.

Wertschöpfung

Heute sollte Vadims Modell der futuristischen Stadt abgeholt werden und Abschied nehmend umrundete er es. Es war gut geworden, er war zufrieden mit seiner Arbeit. Während er dastand und nachdenklich nickte, fiel ihm auf, dass die Hochhausdächer immer noch ihre mittelalterlichen Rapunzeltürmchen trugen. Er schüttelte über sich selbst den Kopf und verwandelte die Konstruktion hektisch in das zurück, wie sie einst gewesen war: gradlinig, stählern, wehrhaft und ohne Firlefanz.

Was hätten seine Auftraggeber von ihm gedacht, wenn er die Türmchen nicht rechtzeitig entfernt hätte? Bestimmt hätten sie ihn verdächtigt, weder sie noch ihre so sorgfältig gezeichneten Entwürfe ernst zu nehmen und stattdessen mit ihren kreativen Ideen zu spielen. Dabei war gerade das Architekturmuseum sein wichtigster Arbeitgeber, denn dessen Aufträge kamen in berechenbarer Regelmäßigkeit. Auch der Vertrag für das nächste Konstrukt lag schon bereit. Eine Neubausiedlung, die sich um eine Shopping Mall gruppieren sollte. Offensichtlich waren Villen im Toskana-Stil augenblicklich der letzte Schrei. Und auch das musste für die Nachwelt festgehalten werden. Vadim ließ die Computeranimation auf sich wirken und wusste nicht genau, ob sie ihm gefiel oder nicht: kleine Palazzi mit Vorgärten und mittelgroßen Rasenflächen hinter den Häusern, leicht versetzt und doch auf formvollendete Art und Weise miteinander verbunden, und inmitten all dieser ein- und zweigeschossigen Villen das Einkaufscenter mit eigenem Parkdeck, umgeben von zypressenartigen Bäumen. Dabei wuchsen die gar nicht in diesen Breiten. Pappeln wären da weitaus angemessener gewesen.

Vor einigen Monaten hatte er ein mittelalterliches Dorf gebaut. Da waren die Häuser grundsätzlich um die Kirche herum errichtet worden und jedermann achtete darauf, die Kirche auch im Dorf zu lassen. In der Jetztzeit wurden die Dörfer um Kaufhäuser herum gebaut. Vadim sah aus dem Fenster und hatte den Eindruck, als seien alle Bäume über Nacht kahl geworden. Ganz weit konnte er schauen, bis zum nächsten Kaufhaus, aber auch bis auf zur Kirchturmspitze, beides lag eng beisammen – eine Allianz von Mittelalter und Neuzeit. Ihm wurde klar, dass er noch nie in dieser Kirche gewesen war, und etwas berührte seine Schulter. Doch als er sich umdrehte, war da niemand. Nur das Constanze-Püppchen saß inmitten seines honiggelben Leuchtens und schien ihm zuzuzwinkern.

Vor dem Haus hielt ein Lastwagen und hupte. ›Kunsttransporter‹ war mit riesigen Lettern auf dessen Plane gedruckt und Vadim schluckte. Seine Arbeit war also Kunst. Zu sehen, mit welcher Behutsamkeit die Kunsttransporteure die tischtennisgroße Platte mit der futuristischen Glas- und Stahlkonstruktion aus seiner Arbeitshalle schafften, tat ihm gut und verlieh dem Modell etwas Kostbares. Seine Arbeit wurde geachtet. ›Atelier‹ würde er sein Loft in Zukunft nennen. Das klang um einiges besser als Büro oder Werkstatt. Werkstatt ließ an Blaumann, Schmieröl und Schraubenschlüssel denken, Atelier dagegen an weiße Kittel, klassische Musik, duftende Blumen und frischen Kaffee in lichtdurchfluteten Räumen. In Ateliers schien immer die Sonne und ein Künstler in seinem Atelier war naturgemäß ein weitaus bedeutenderer Mensch als ein Handwerker in seiner Werkstatt. Nachdenklich trat Vadim vor den Spiegel und fragte sich: Wollte er Handwerker *sein* oder als Künstler *gelten?* Wer war er wirklich?

Draußen auf der Treppe mühten sich die Möbelpacker mit seinem Modell ab und hinter ihm offenbarte sich nun eine große und leere Fläche. Dort, wo bis vor Kurzem ein gläserner Zukunftsturm gestanden hatte, breitete sich nun das große Nichts aus.

Vadim ahnte: Dagegen kam nur ein Handwerker an. Er musste erneut von vorn beginnen, wieder einmal ganz unten anfangen. Ein Handgriff nach dem anderen, um den Ideen Fremder Gestalt zu geben.

Auf der Straße quietschten Autoreifen. Ob etwa sein Kunstwerk …? Atemlos stürzte Vadim die Treppe hinunter. Fast wäre der Herr im weißen Anzug mit einem roten Sportwagen in den Kunsttransporter hineingefahren. Doch zum

Glück war nichts passiert. Dieser Mann, der bisher immer zu Fuß gekommen war, versuchte nun offensichtlich, mit einem Cabriolet bei der Bäuerin Punkte zu gewinnen. Vadim hatte den Eindruck, dass Rot und Weiß die favorisierten Farben dieses unerhörten Verehrers sein mochten, die Bäuerin dagegen bevorzugte erdgebundene braune, graue, grüne und beige Töne.

Tatsächlich stand der weiße Mann auch jetzt wieder am Gartentor und wartete auf Einlass. ›Welche Beharrlichkeit‹, dachte Vadim, der die Szene schon seit mindestens sechs Wochen beobachtete. Bewundernswert, dieses Durchhaltevermögen. Warum ging der Mann nicht einfach zur Zeitung und gab eine weitere Annonce auf: »Nur eine kuchenbackende Hühnerbäuerin kann mich glücklich machen. Wo finde ich Sie?«

Was bloß war an Vadims Nachbarin so einzigartig, dass das Männlein nicht aufgeben wollte?

»Haben Sie das da fabriziert?«, fragte der Cabriofahrer nun und stieg aus seinem roten Wagen. Zur Begrüßung lupfte er seinen Hut. Der Kopf des Alten war fast ebenso kahl war wie die Bäume ringsumher. Vadim nickte.

»Nicht schlecht.« Das kleine Männlein läutete an der Gartentür der Bäuerin und raunte hoffnungsvoll: »Vielleicht lässt sie uns beide hinein. Allein habe ich irgendwie kein Glück. Dabei will ich nur das Eine von ihr und dann lasse ich sie auch bestimmt wieder in Ruhe.«

Vadim suchte seinen Blick. Der ging ja ganz schön ran. Und hatte zusätzlich keine Ahnung. Weder der Künstler noch der Handwerker in ihm verrieten dem Dandy, dass jemand, der so besessen war von seiner Herzensdame, immer mehr wollen würde und sich nicht mit einer Nacht zufriedengäbe. Das war ein Märchen. »Glauben Sie das wirklich?«, fragte er daher zweifelnd.

»Klar, was meinen Sie, warum ich ständig hier antanze? Ich mache mich ja fast lächerlich, aber was sein muss, muss sein! Ich gebe nicht auf.«

»Da haben Sie recht!« Vadim seufzte. Er selbst gab immer viel zu schnell auf. Eine winzige Kleinigkeit passte nicht und schwupp wurde die Dame weggeklickt wie ein schlecht ausgeleuchtetes Dia und er suchte nach einer Neuen. Dabei waren alle gleichermaßen durchscheinend. Die Einzige, die es wirklich bei ihm aushielt, war Constanze. Denn der hatte er eine Bedeutung gegeben und vielleicht ging es allein darum, anderen einen Wert zu verleihen.

Nun öffnete die Bäuerin ihr Fenster und rief resolut: »Es gibt keine Eier, für beide nicht!«

»Dann probiere ich es halt morgen noch mal«, seufzte der Mann in Weiß, hob grüßend den Hut und bestieg sein rotes Auto.

Die Bäuerin war ihm anscheinend sehr viel wert. Vadim sah ihm lange nach.

Winter

Theas Torten

Im Dezember, das wusste Thea schon aus Erfahrung, war die Arbeit am intensivsten. Zum Glück bestellten ihre Kunden nun nicht mehr flache Sahnetorten, auf die sie neben einen Plastik-Nikolaus einen ebensolchen Knecht Ruprecht steckten, sondern hatten sich von Theas Arbeiten inspirieren lassen. »Sie sind ja eine Bildhauerin! Ja, dann wünsche ich mir für meine Freundin einen liegenden Gartenzwerg mit roter Mütze und blauer Arbeitshose. Das Ganze auf grünem Rasen und mit so viel Marzipan, wie es geht.«

Langsam hatte sich herumgesprochen, dass Theas Torten nicht nur die leckersten, sondern auch die ungewöhnlichsten waren, und sie war stolz darauf.

An diesem Montagmorgen waren schon unendlich viele Bestellungen eingegangen. Denn morgen war der 6. Dezember.

Eine Stammkundin gab zwei Buchstützen aus Lebkuchenteig in Auftrag und wünschte sich dezidiert ein A und ein Z, ein Vater bestellte für seine Tochter die Nachbildung eines Klaviers mit Tasten aus schwarzer und weißer Schokolade, der Kunde mit der Gartenfrau orderte heute eine pinkfarbene Gießkanne mit weiß-grünen Gänseblümchen und eine sportbegeisterte Mutter wünschte sich für ihren Sohn eine kugelrunde Fußballtorte. Und sie alle wollten ihre Skulpturen aus Kuchenteig, Sahne und Marzipan am frühen Abend abholen.

An solchen Tagen sollte Thea eigentlich ihr Stehcafé schließen und ein Schild in die Tür hängen: »Meine Auftragslage ist so gewaltig, dass ich mich nicht auch noch um

Sie kümmern kann.« Doch das wäre zu arrogant gewesen! Zögernd hielt sie den Schlüssel in der Hand und drehte das »Geschlossen«-Schild zur Straßenseite, als sie den Modellbauer aus dem Loft am Ende der Straße auf sich zukommen sah. Vadim hieß der und er trank seit einigen Wochen täglich einen Cappuccino. »Backstube riecht nach Glück«, hatte er ihr gesagt und wissen wollen, ob sie vierundzwanzig Stunden am Tag glücklich sei. Sie hatte ausweichend geantwortet: »Zwischendrin schlafe ich auch mal.«

Aber es stimmte, seit sie genau das tat, was sie mit Freude erfüllte, war sie zufrieden, voller Tatendrang und erlebte jeden Tag wie ein Geschenk. Früher war sie Schuhverkäuferin gewesen: Schachtel auf, Schuhe raus, Schnürsenkel binden, den Kunden beim Auf- und Abgehen zuschauen und fragen, wo es drückt. Und dabei hatte sie die ganze Zeit gewusst, dass das nichts mit ihr zu tun hatte. Als sei sie in einem falschen Traum gefangen. Erwacht war sie aus dem Traum, als sie an genau diesem kleinen Stehcafé vorbeikam und sah, dass ein Nachmieter gesucht wurde. Seitdem war sie Tortenbäckerin und seitdem war sie glücklich, sozusagen in ihrem Element.

Ihre schönsten selbstgebackenen Kreationen hatte sie in ihrem Schaufenster dekoriert und tatsächlich hatten die Kaffee trinkenden Besucher wissen wollen, ob dies eine Ausstellung sei und was die Skulpturen kosteten. »Viel zu schade, um sie aufzuessen.«

Eine ältere Dame hatte sich als Erste getraut und Thea gebeten, das Abbild ihres Hundes nachzubacken. Der Pinscher war ein bisschen dünnbeinig geworden, aber Thea hatte ihm mit weißer Schokolade die gleichen Haarsträhnen auf den Kopf gemalt, die auch sein Frauchen trug. Als Nächstes hatte jemand das süße Ebenbild eines honiggelben Sofas mit Kissen aus weißem Baiser bestellt, kurz darauf war ein Segelboot erwünscht gewesen. Thea wuchs an ihren Aufgaben.

Sie beobachtete den Modelle bauenden Architekten, der auch heute wieder Witterung nach dem Glück aufzunehmen schien. Der Milchschaum hatte auf seiner Oberlippe einen schaumweißen Bart hinterlassen. »Ich muss los«, gestand sie und wandte sich zur Backstubentür.

»Sie sollten sich entscheiden«, seufzte ihr Gast.

»Entscheiden für was denn?«

»Für das, was Ihnen wichtig ist.« Und dann wollte er tatsächlich von ihr wissen: »Reden Sie lieber mit mir oder backen Sie lieber Torten?«

»Letzteres«, sagte sie, ohne groß darüber nachzudenken, und anstatt gekränkt zu sein, nickte er verständnisvoll: »Wenn Ihnen jemand all die Arbeit hier vorne abnimmt, können Sie den ganzen Tag Torten backen.«

Da war was dran! Thea strich sich beide Hände an ihrer weißen Rüschenschürze ab. Zwanzig Stück besaß sie davon und an jedem Morgen zog sie sich eine frisch gewaschene, gestärkte und gebügelte Schürze an, manchmal nachmittags noch eine. Sie trug eine Uniform – ebenso wie die Postbotin.

»Dazu ist mein Stehcafé zu klein.« Sie wies auf die zwei Tische.

»Sie könnten sich vergrößern.« Ihr einziger Gast blieb am Ball. »Wenn Sie wollen, entwerfe ich Ihnen ein Modell. Einen Pavillon mit viel Glas, noch mehr Licht und großen Fensterbänken für blühende Blumen.«

Sie lachte. »Das wäre wunderschön, aber ich kann es mir nicht leisten.«

»Könnten Sie es sich denn wenigstens vorstellen?« Wieder hielt er seine Nase in die Luft und witterte den Duft des Glücks. Sie sah ihm zu.

»Ja.« Beschämt sah sie zu Boden. »Träumen ist ja wohl erlaubt.«

»Dann machen wir das.«

Bevor sie darauf antworten konnte, läutete erneut ihr Telefon. Dankbar lauschte sie dem Anrufer und Vadim vermutete, dass die Bäckerin gerade eine beglückende Nachricht erhielt, denn ein Leuchten hüllte sie ein, als sie fröhlich verkündete: »Natürlich, so machen wir das. Es wird wunderbar. – Schon wieder eine Bestellung«, meinte sie an Vadim gewand, legte auf und strahlte ihn an: »Nun muss ich mich aber sputen. Fünf Torten an einem Tag.«

Als Vadim ging, hängte Thea tatsächlich das »Geschlossen«-Schild an die Tür, schaltete den Anrufbeantworter ein und verschwand in ihrer Backstube und in ihrem Element. Die Welt war voller Wunder. Nun hatte doch tatsächlich die Hühnerbäuerin ein dreißig Zentimeter hohes Fabergé-Ei bestellt. Grünglänzend sollte das sein und mit einem Muster aus Zuckerperlen überzogen.

Mamma Mia

Für die vierjährige Mia bestand die Welt nur aus Frauen. Sie hatte zwei Mütter, zwei Großmütter, vier Freundinnen, die allerdings, im Gegensatz zu Mia, nur eine Mutter hatten, dafür aber einen Vater, der sich tagsüber unsichtbar machte und an den Wochenenden in seinem Arbeitszimmer verschwand. Mia hatte die noch nie gesehen, aber schon von ihnen gehört. Mia besaß eine kleine Katze, die Coco hieß, denn sie war weiß wie Schnee oder wie Kokosmakronen. Die aß Mia am allerliebsten.

Auch die Besucherinnen ihrer Mütter – beide waren Rechtsanwältinnen und hielten mit Telefonaten und Plädoyers die Welt in Ordnung – waren ausschließlich weiblich. Selbst die Putzfrau, die einmal pro Woche kam und Wäsche bügelte. Und natürlich die Briefträgerin. Die hieß Veronika.

Heute Morgen waren sie sich begegnet und die Briefträgerin mit dem gelben Posthorn auf dem dunkelblauen Pullover hatte ihr verraten: »Stell dir vor, ich kenne einen jungen Mann, der nur zwei Straßen weiter wohnt. Er heißt Marcel und hat unendlich viel Projekte.« Für Mia, deren Hauptprojekte Puppen und Memory-Spiele waren, klang diese Information durchaus interessant.

»Ein Junge?«, fragte sie vorsichtig. »Ein männliches Kind?« So nannte ihre Mami Jungen. »Ist der denn nicht ganz anders als ich?«

»Nein.«Veronika dachte kurz nach. »Er ist halt viel allein. Wie du, denke ich.«

»Ich bin nicht allein«, widersprach Mia schnell. »Ich habe eine Mutti und eine Mami, eine Katze und zwei Omis.«

Dazu hielt sie beide Hände hoch und streckte jeweils zwei Finger in die Luft.

»Marcel hat eine Mutter und einen Vater, aber weder Katze noch Hund.«

»Und welche Projekte?« Mia war neugierig geworden und natürlich hatte sie Zeit. Sie sammelte sie schließlich.

»Ist ein männliches Kind sowas wie ein Bruder?« Mias Freundinnen träumten von großen Brüdern. Große Brüder würden sie vor allem schützen und sie jederzeit verteidigen, auch wenn es augenblicklich nichts gab, vor dem man geschützt oder verteidigt werden musste. Der Nikolaus war vor zwei Tagen da gewesen und hatte nicht einmal geschimpft. Große Brüder waren vergleichbar mit Vätern, im Gegensatz zu denen jedoch immer da.

Wenn Mia es geschickt anstellte, konnte sie sich und ihren Freundinnen einen großen Bruder zur Seite stellen, der dann mit ausgebreiteten Armen wie ein Schutzengel zwischen ihnen stand. Das wär was!

Mias Neugierde entging Veronika nicht und so meinte sie: »Wenn du willst, mache ich euch miteinander bekannt. Du könntest gleich mit mir kommen. Marcel wartet jeden Tag auf mich.«

›Oh je, der hat wohl nichts anderes zu tun‹, dachte Mia, behielt diese Erkenntnis aber für sich.

»Da muss ich erst meine Mami und die Mutti fragen.«
»Mach das!«
»Darf ich den Jungen besichtigen?«
»Was?« Beide Mütter sahen von ihren gläsernen Schreibtischen hoch und legten ihre Stirne in Falten. »Wo ist denn hier ein Junge?«

Sie hätten ebenso gut fragen können: »Seit wann gibt

es denn hier einen Zoo?« Und Mias schwarzhaarige Mutti stellte klar: »Hier gibt's doch nur kleine Mädchen. Warum spielst du nicht mit denen?«, während die rothaarige Mami wissen wollte: »Ein männliches Kind? Wo wohnt das denn?«

»Das weiß Veronika.«

»Ich stelle die beiden nur einander vor, dann bringe ich Mia zurück«, versprach die Postbotin.

»Und sowas können Sie sich während Ihrer Arbeitszeit erlauben?« Mami und Mutti guckten streng.

»Ich tue es einfach«, sagte Veronika und stand da so breitbeinig und so stark, als habe sie nichts zu verlieren und als verfüge sie über den Mut von mindestens zehn großen Brüdern.

Mia bewunderte sie.

»Er heißt Marcel«, sagte die Postbotin nun und wies aus dem Fenster. »Schauen Sie, dort sehen Sie das Dach des Hauses, in dem er wohnt.«

»Sprechen Sie etwa von einer dieser italienischen Villen mit den rosafarbenen Säulen?« Die dunkelhaarige Mia-Mutti verzog verächtlich den Mund.

Veronika nickte. »Der Junge ist fünf Jahre alt.« Allen war klar, dass ein Fünfjähriger nicht für die Farben der Villen verantwortlich sein konnte.

»Er macht Projekte«, ergänzte Mia.

»Das werden ja schöne Projekte sein.« Mias Mami grinste. »Hoffentlich sind die jugendfrei.«

»Ja, aber nicht jungenfrei«, konterte die Postbotin.

Mias Mutti sah erst auf ihren Schreibtisch, dann auf die Tochter: »Du kennst ja unsere Telefonnummer. Wenn du mit dem fertig bist, ruf an und ich hole dich ab.«

»Wie viel Zeit hast du denn?«, fragte Veronika, als die beiden losmarschierten.

»Eine Stunde habe ich mir heute bestimmt schon eingespart.« Mia klang großzügig. »Die kann ich dem ja schenken.«

»Eingespart? Wie machst du das denn? Ich kenne viele Leute, die das gern wüssten.«

»Das erkläre ich dir ein andermal«, versprach Mia und wollte wissen: »Kann dieser Marcel auch großer Bruder sein? So einen brauchen wir nämlich, meine Freundinnen und ich.«

»Das könntest du ihm als Projekt vorschlagen.«

Marcel war nur ein bisschen größer als Mia und auch nicht wirklich schutzengelmäßig. Aber dafür konnte sie mit ihm reden wie mit ihren Freundinnen. Wer hätte das gedacht! Außerdem bestand er darauf, mit ihr jenen Fußball aufzuschneiden, der ihm vom Nikolaus gebracht worden war. Er enthielt keine Luft, sondern Marzipan und Schokolade und Nougat ... Köstlich!

»Könnte ich nicht einfach nur ein normaler Bruder sein?«, wollte Marcel dann wissen und Mia meinte: »Genau, mit mir kannst du ja schon mal üben.« Dabei war sie diejenige, die mit ihm üben wollte. Immerhin war Marcel das erste männliche Kind, das sie kennenlernte, ihr erster Freund.

Schneekristalle

Es hatte die ganze Nacht geschneit. Thea, die oberhalb ihrer Backstube und des Stehcafés eine kleine Wohnung besaß, war an diesem Morgen froh, dass sie nicht in die Kälte hinaus musste, auch wenn sich vor ihr eine Märchenlandschaft ausbreitete. Sie und ihr Arbeitsplatz waren lediglich durch eine 13-stufige Treppe voneinander entfernt. Durch das Treppenhausfenster sah sie, wie die Sonnenstrahlen den frischen Schnee in abertausende glitzernde Brillanten verwandelten.

Kurz überlegte sie, ob es möglich sei, einen Puderzucker zu erfinden, der ebenso glitzerte und mit dem gleichen Sonnenleuchten Wärme auf jeden Tisch brachte. Aber vermutlich gäbe es dann jemanden, der augenblicklich ein Patent darauf anmeldete und dann könnten sich nur noch die, die dafür zahlten, warmes Sonnenleuchten leisten und denen wäre es vermutlich nicht wichtig, aber die Armen säßen im Dunkeln und müssten frieren und sehnten sich nach Wärme. Was für ein Glück, dass die Sonne für alle schien.

Die Backstube war nicht so aufgeräumt wie sonst. Thea hatte zwar gestern abend gefegt und alle Zutaten und Gewürze in Gefäße verschlossen, aber auf dem kleinen Arbeitstisch am Fenster standen vier übergroße Tassen und erinnerten sie an ihren gestrigen Besucher. Der hatte Milchkaffee getrunken. Und nicht zu knapp. Sie lächelte.

Schon vor einigen Tagen hatte sie damit begonnen, Weihnachtsplätzchen zu backen. In diesem Jahr wollte sie mehr als siebzig verschiedene Sorten erschaffen. Jede mit ureigener Form und eigenen Ornamenten aus Zuckerguss, Marzipan, Marmeladenklecksen oder Nüssen.

Der gestrige Besucher erklärte sie rundweg für verrückt, als sie ihm davon erzählte, aber ihr Plan hatte ihn wohl doch beeindruckt, sodass er nicht eine Sekunde an ihr zweifelte.

»Sie können ja jeden Tag vorbeikommen und mindestens drei probieren«, schlug sie vor. Doch er sah zur Seite und murmelte: »Wenig Zeit.« Das wiederum wunderte Thea überhaupt nicht. Je älter sie wurde, desto weniger Zeit hatte sie. Warum sollte es ihm besser gehen?

Sie selbst war gerade mal Mitte Fünfzig und stellte sich gelegentlich vor, dass sie als Siebzigjährige nur noch kopflos durch den Tag rennen würde, um ihren Aufgaben nachzukommen. Ein Bild, das ihr so gar nicht behagte.

Dafür, dass er so wenig Zeit hatte, war dieser seltsame Zeitgenosse gestern ganz schön lange geblieben und hatte vier Tassen Milchkaffee getrunken. Ohne Anmeldung hatte er plötzlich in ihrem Café gestanden, einen riesigen Umzugskarton vor sich hergeschoben und gesagt: »Ich weiß nicht, wohin damit.«

Strenger als sie wollte, hatte sie klargestellt: »Dies ist kein Lagerhaus.«

Er hörte nicht zu, sondern klagte: »Ich kann sie doch nicht einfach wegwerfen.«

»Was denn?« Neugierig hatte Thea den großen und ziemlich gebeugten Mann gemustert. Er trug einen eleganten dunkelblauen Anzug, hatte spärliches weißes Haar und war mindestens zwanzig Jahre älter als sie. Sie hatte ihn noch nie gesehen, er hatte noch nie etwas bei ihr gekauft. Nicht einmal einen Kaffee getrunken. Warum sollte ausgerechnet sie ihm nun einen Gefallen tun? Seine Augen hinter der randlosen Brille wirkten grau und wässrig, als habe er geweint. Wenn, dann vermutlich über die Menge der Walnüsse, die er ihr nun in einer Hand entgegenstreckte.

»Die hier. Den ganzen Herbst über habe ich sie auf dem Dachboden getrocknet und gehortet. Kein Eichhörnchen war interessiert. Die Briefträgerin hat mir von Ihnen und Ihrer Weihnachtsbäckerei erzählt.«

Ihr Blick wanderte zwischen ihm und dem Walnusskarton hin und her. »Die müssen ja alle noch geknackt werden!«

»Das stimmt.« Dabei hielt er den Kopf gesenkt, als schäme er sich dafür.

»Na gut.« Thea nickte. »Helfen Sie mir?«

Er sah sie an, als sei sie verrückt geworden. »Ich arbeite nicht mit den Händen! Ich arbeite nur mit dem Kopf!« Genauso, dachte Thea, sah er auch aus! Sicher hatte er eine Ehefrau und wenn nicht das, dann eine Haushälterin.

Er ließ die Walnüsse in den Karton zurückfallen und reichte ihr die Hand. »Gestatten, Leander Müller-Seemannshausen. Ich wohne erst seit sechs Monaten in dieser Stadt und im nächsten Jahr lasse ich den Walnussbaum fällen.«

Sie erschrak. »Wieso das denn?«

»Er produziert zu viel!«

Thea hatte bisher nur von Bäumen gehört, die gefällt wurden, weil sie keine Frucht mehr trugen. Die Welt wurde immer mehr zum Tollhaus. Sie beugte sich über ihre Schublade, holte zwei Nussknacker hervor und lächelte ihn an: »Ihre Hände schaffen das. Ich spendiere Ihnen auch einen Kaffee.«

Und dann saßen sie fast fünf Stunden in der Backstube. Es war ein dunkler Tag und Thea hatte eine Kerze angezündet, damit es gemütlicher wurde. An diesem Nachmittag wurden sie von keinem Kunden gestört, als hätte die Stadt sich abgesprochen oder als würden alle noch an ihren Nikolaustorten knabbern.

Tatsächlich stellte sich dieser Leander arg ungeschickt an, war aber bereit, auf Theas Tipps zu hören, und schon nach wenigen Nüssen packte ihn der Ehrgeiz. Er arbeitete fast schneller als sie. Und dabei redete er ununterbrochen. Er war ihm durchaus möglich, mit den Händen *und* dem Kopf zu arbeiten, und es schien ihm sogar zu gefallen. Aber das behielt Thea für sich. Er erzählte ihr von seinem Leben und seinem Beruf und seinen Enttäuschungen. Enttäuschungen schienen für ihn ein größeres Gewicht zu haben als schöne Momente. Vielleicht hatte er ja auch nur diese in die Bilanz seines Lebens aufgenommen und glückliche Stunden nicht beachtet. Thea traute es ihm zu. In seinem früheren Leben war er Anwalt gewesen und hatte sich für die Gerechtigkeit eingesetzt. Er hatte mit Worten gekämpft. Worte und Sätze waren ihm wichtiger als Menschen. Das hatte er gesagt. Ihr waren Torten fast so wichtig wie Menschen. Eine eigene Bäckerei war ihr Traum gewesen und der hatte sich erfüllt.

»Wovon träumen Sie denn?«, fragte sie wie nebenbei und er sah sie fassungslos an. »Was meinen Sie damit? Etwa was ich des Nachts träume?« Diese Frage ging ihm offensichtlich zu nah.

»Nein, wie Sie sich Ihr Glück vorstellen.« Thea beruhigte ihn und wusste im gleichen Augenblick, dass ihr Glück in genau dieser Backstube lag. Jeden Tag. Greifbar nah.

»Darüber habe ich noch nie nachgedacht«, erklärte er kopfschüttelnd. »Vorstellungen sind doch keine Fakten.«

Zu gern hätte sie ihm nun gesagt, dass Vorstellungen Fakten schaffen können, aber das behielt sie lieber für sich. Leander bestand sowieso darauf, dass er alles besser wusste als der Rest der Welt, der seiner Meinung nach vollkommen ahnungslos war und den er generös mit seinen Worten beglückte.

Satzzeichen

Leander verbot es sich, über die Kuchenbäckerin nachzudenken. Sie hatte so einen unschuldigen Blick auf die Welt, sie war so wunderbar naiv und sie hatte an seinen Lippen gehangen. Vor allem Letzteres hatte ihm unglaublich gutgetan. Dennoch ahnte er, dass selbst Thea »seinen« Satz nicht gefunden hätte. Schade. Keine der Frauen, die es jemals kennengelernt hatte, war in der Lage gewesen, ihn zu erlösen und jenen Satz auszusprechen, der ihn befreite. Er selbst kannte dessen Wortlaut, aber den behielt er natürlich für sich.

Jetzt war er zweiundsiebzig Jahre alt und zwischenzeitlich, einem Unglück vergleichbar, mit jener Frau verheiratet gewesen, der er seinen Doppelnamen verdankte. Auch von der hatte er gehofft, sie könne ihn erlösen. Nicht nur von seiner Sehnsucht, seinen unerfüllten Erwartungen, sondern auch von dem, was andere – natürlich unwissend – als Arroganz bezeichneten. Tatsächlich hatte Leanders Gattin einmal sogar die richtigen Worte gefunden, nicht aber deren treffende Reihenfolge. Der ersehnte Satz war nicht korrekt gefallen.

Als Erstes hatte er ihn vor fast vierzig Jahren von genau jener Veronika erwartet, die nun als Postbotin durch den Ort streifte, alle kannte und immer gut gelaunt war. Eine Schande, das zu sehen. Aus ihr hätte etwas wirklich Großes werden können. Stattdessen war sie einem Herrn Fischer ins Netz gegangen und hatte sich in ihrer Zufriedenheit eingerichtet. Leander war in seinen Geburtsort zurückgekehrt, weil er dachte, hier noch einmal von vorn anfangen zu können. Das war, zugegebenermaßen, der dümmste Gedanke, den er jemals gehabt hatte.

Nachdenklich sah er Veronika nun nach, deren Rad eine Linie durch den frisch gefallenen Schnee zog, und überlegte, dass die wohl am liebsten lauter Herzchen in den Schnee gemalt hätte – er traute es ihr zu. Vermutlich erinnerte Veronika sich gar nicht mehr an ihn und das war auch gut so. Sie hatten damals, sie war erst sechzehn und er schon sechsunddreißig, über Lebensziele gesprochen und sie hatte ihm gestanden, dass für sie nur ein Beruf infrage käme, in dem sie Uniformen tragen könne. »Dann werde Ärztin, Flugzeugkapitänin, Stewardess, Apothekerin, Laborantin ...« Aber was war aus ihr geworden? Eine Postbotin! Nicht zu fassen! Und glücklich war sie auch noch. Das Leben war ungerecht!

»Mit einer Uniform bist du immer auf der richtigen Seite«, hatte sie ihm damals geraten, aber er wollte Rechtsanwalt werden und teure Anzüge tragen. Die Uniform der Auserwählten.

Leander Müller-Seemannshausen fragte sich, warum er schon wieder über die Postbotin nachdachte. Sie war nur ein Puzzlestück seiner Vergangenheit und schien glücklich zu sein, obwohl sie ihn nicht hatte erlösen können; einfach so, aus sich selbst heraus. Aber warum um Himmels willen, hatte sie ihn vorhin so angelächelt, wie man einen Fremden anlächelt, und aus dem Nichts heraus behauptet: »Jeder muss für sich selbst den Satz finden, der ihn erlöst.«

Was für eine Frechheit! Sie hatte keine Ahnung! Aber sie hatte ihn verletzt. Musste er sich von einer Postbotin was sagen lassen? Nein! Wirklich nicht!

Er könnte es ja noch einmal bei der Zuckerbäckerin versuchen. Die war ihm zugewandt gewesen und wenn er nicht die ganze Zeit doziert hätte, so wäre der Satz vielleicht gefallen. Er vermeinte, Ansätze der magischen Worte vernommen zu haben. Nachdenklich ging er an seinen Schreibtisch und notierte sich in Schönschrift jeden Buchstaben, jedes einzelne Wort, das zu seinem nur ihm bekannten Satz gehörte. Und zwar in der richtigen Reihenfolge. Er war doch eigentlich ganz leicht. Warum taten sich die Frauen so schwer damit?

Nicht eine seiner Geliebten – und das waren nicht wenige – hatte ihn ausgesprochen. Als hätten sie sich, unwissend voneinander, darauf geeinigt, ihn zu kränken.

Leanders Privatbüro war ein schöner Platz. Der Eichentisch mit den vielen Fächern und Schubladen und der speckige Lederstuhl gaben ihm die Gewissheit, mit geschriebenen Gutachten und Kommentaren die Zeitläufte beeinflussen zu können. Sein Blick fiel auf den Radiergummi in der Stifteschale.

Drei davon waren ihm vor einigen Tagen als Nikolausgabe zugestellt worden. Ein Werbegeschenk ohne Absender. Welche schlampige Agentur hatte denn das verschickt? Der Auftraggeber dieser Kampagne hätte besser sein Geld aus dem Fenster werfen können: So hätte er es wenigstens flattern sehen.

Drei Radiergummis! Eines davon lag auf dem Schreibtisch, eines steckte in seiner Hosentasche und das dritte lag direkt neben seinem Bett. Seitdem nahm Leander Müller-Seemannshausen gelegentlich einen Bleistift und notierte die Dinge, die ihn ärgerten und kränkten. Sobald er dann mit dem Radiergummi darüberfuhr und den Abrieb mit gespitzten Lippen fortpustete, überkam ihn eine große Erleichterung. Nun betrachtete er »seinen« Satz und radierte das erste Wort fort. Es war ein »Ich«.

Das Radiergummi in seiner Hand pulste unruhig; es wollte Abrieb produzieren und er ließ es gewähren. Er lächelte. Sein Wunschsatz verwandelte sich in ein Häuflein winziger grauer Gummiwürstlein und zurück blieb ein einziges »Du«. Das würde er morgen der Zuckerbäckerin anbieten und bei dem Gedanken überkam ihn ein unverhofftes Glück.

Radiergummi

Veronika hatte ihn auf Anhieb erkannt, aber das brauchte Leander nicht zu wissen. Er war der komplizierteste Mensch, der ihr je begegnet war, und vermutlich hatte sie sich nur deshalb in ihn verliebt, weil sie dachte, ausgerechnet sie könne seine Formel knacken. So wie man ein Rätsel löst. Und tatsächlich hatte er von ihr einen Satz verlangt, an dem seine Seele gesunden würde. Doch diesen Satz hatte sie nicht gefunden.

Schon seit Monaten tat er so, als erkenne er sie nicht und als sei er fremd in dieser Stadt. Dabei war das einzig Fremde an ihm sein neuer Name. Er selbst hatte sich nicht verändert, war immer noch der gleiche Hagestolz – nur älter geworden, grauer und faltiger und verbittert. Offensichtlich hatte in den vergangenen 40 Jahren keine Frau seinen magischen Satz gefunden. Das geschah ihm recht. Liebe hieß geben. Aber Leander wollte immer nur haben.

Bei ihrer ersten Begegnung hatte sie gefragt: »Sie sind erst jetzt hierher gezogen?«

Er nickte und ganz weit fort, am Ende seines Lächelns, entdeckte sie den, der er einst gewesen war. Doch es tat nicht mehr weh.

»Post für Sie.« Sie hatte ihm die Briefe überreicht. Steif hatte er sie entgegengenommen. »Danke.«

»Dann vielleicht bis morgen.« Veronika schluckte an dem Kloß in ihrem Hals und schwang sich auf ihr Rad. Er sah so müde aus.

Für diesen Mann wäre sie damals, noch nicht einmal zwanzigjährig, durchs Feuer gegangen. Aber er hatte sie daran gehindert, was vielleicht auch gut war. Denn mit verbrannten Füßen hätte sie niemals Postbotin werden können.

Seinen Vornamen hatte sie nie vergessen. Er klang nach Italien und bunt blühenden Sträuchern. Leander – Oleander. Ein weißer Oleanderbusch stand nun in ihrer Diele, Siegmund hatte ihn mit großen Mühen ins Haus geschleppt. Oleander war giftig dachte sie, ebenso wie Leander.

Nun war er also wieder in der Stadt. Und augenscheinlich immer noch auf der Suche nach dem Glück.

»Die Zeit entstellt alle Lebewesen«, so hatte es Ringelnatz in einem seiner Gedichte genannt. Leander hatte sie gutgetan. Er hatte nicht mehr so viele Ecken und Kanten. Wer weiß, an was und wie oft er sich aufgerieben hatte. Wie ein Radiergummi, das Fehler verschwinden lässt und dabei seine eigentliche Form verliert. ›Die Zeit ist ein Radiergummi‹, dachte Veronika lächelnd. Alle Kanten werden weich gemacht, alle Spitzen geglättet, alle Untiefen einfach so aufgefüllt. Vermutlich mit Radiergummiabrieb, denn der musste ja auch irgendwo hin.

Leander schien in seinem Leben sehr viel radiert zu haben. Als Erstes seine Doppelnamen-Bindestrich-Ehefrau, danach Freunde und Bekannte. Und auch jene junge Veronika, die sie damals gewesen war.

Einmal hatte er in ihrer Gegenwart zurückgeschaut und geseufzt: »Das Leben hat es nicht gut mit mir gemeint, aber was soll man machen? Beim nächsten Mal wird alles besser.« Daraufhin hatte sie ihm anonym und als Nikolausgabe ein Dreierpack mit Radiergummis geschickt. Mehr konnte sie nicht für ihn tun.

Umgehung

Der Streit war über Nacht gekommen und hatte sich ausgebreitet wie eine schleimige Flechte. Erstaunlich, dass sich später niemand mehr daran erinnern konnte, wann und wo er begonnen hatte und vor allen Dingen, warum. Aber seitdem der Streit zäh und sumpfig durch die Straßen waberte, vermieden es die Leute, sich in die Augen zu schauen und sich zu grüßen. Die Stimmung war gedrückt, die Leichtigkeit war dahin. Jeder spürte es. Selbst Marcels projektbesessener Vater; na gut, der war ja auch jetzt besonders gefragt. Der Streit nämlich schrie nach Projekten.

Marcel erzählte es Thea, der Tortenbäckerin, und er klang gar nicht stolz, als er ihr verriet: »Die wollen jetzt alle was von ihm.«

»Tatsächlich?« Thea, bei der seit einigen Tagen niemand mehr herzförmige Torten mit zuversichtlichen oder tröstenden Sprüchen in Auftrag gegeben hatte, beugte sich verschwörerisch zu ihrem kleinen Gast hinab. »Was denn?«

»Ich glaube, neue Straßen. Aber du solltest ihn mal hören!« Er imitierte die Stimme seines Vaters: »Na gut, ich bin Städteplaner, aber das heißt noch lange nicht, dass ich mich um jede Pipifaxstraße in Kleinstädten kümmere.«

»Was ist denn eine Pipifaxstraße?«

»Keine Ahnung, vielleicht sowas wie blöd?« Marcel hob die Schultern.

Die Tortenbäckerin zweifelte. »Wir haben hier doch genug Wege. Und alle sind betoniert. Da soll das letzte und wenige Grün nun auch noch verschwinden?« Spontan beschloss sie, eine Landschaftstorte zu backen: mit himbeerfarbenen Wegrändern und prächtigen Wiesen aus grüner Pistaziencreme.

»Also, ich bin immer überall hingekommen. Und sogar ziemlich schnell«, bestätigte Marcel und fügte selbstbewusst hinzu: »Und außerdem begegne ich bei allen meinen Spaziergängen an jeder Straßenecke Bekannten.«

»Das ist schön«, bestätigte Thea. »Alle Straßen sind perfekt miteinander vernetzt. Dieser Ort ist sehr klug geplant.«

»Jetzt wollen sie sich aber aus dem Weg gehen, sagt mein Vater.« Marcel klang ratlos.

»Und warum?«

»Weil sie sich zanken!« Marcel schüttelte verständnislos den Kopf.

So ein Streit hatte mehr Kraft als die Freude. So ein Streit baute sich auf, explodierte in alle Richtungen und wurde größer und größer. Die Freude dagegen saß einfach nur auf einer Bank, hielt ihr Gesicht in Sonne und Schneeflocken, lächelte und war zufrieden.

Natürlich hatte Marcel auch mit Mia darüber gesprochen, denn die wusste ein bisschen Bescheid. Mia wohnte in einer Rechtsanwaltspraxis und sie hatte eine Mama und eine Mutti, dafür jedoch keinen Papa und keinen Vati. Das wäre ja auch zu viel gewesen: vier Erwachsenen und nur ein Kind. Marcel hatte mit seinen Eltern, von denen die eine Hälfte, nämlich die Mutter, den ganzen Tag in der Stadt war, wirklich schon genug zu tun, wie er altklug kundtat.

»Da war einer, der dem anderen einen Parkplatz weggenommen hat«, wusste Mia. »Und dann haben die sich wohl gestritten. So richtig, weißt du, mit Wutanfall, Herumgeschreie und Beleidigungen. Deswegen ist einer von denen zu uns gekommen.«

»Zu Euch?«

»Meine Mutti und meine Mama sollen dafür sorgen, dass der eine sich beim anderen entschuldigt.«

Marcel fasste es nicht. »Das können die nicht alleine? Die sind doch schon groß!«

Mia machte ein ahnungsloses Gesicht. »Was weiß ich.«

»Und dann?«

»Dann wollte jeder, dass der andere sich zuerst entschuldigt. Aber bisher hat sich noch keiner entschuldigt. Und weil sie immer noch so wütend aufeinander sind, brauchen wir eine Umgehungsstraße. Auf der sehen sie sich dann nämlich nicht mehr und müssen sich nicht mehr ärgern.« Das klang in der Tat sehr logisch.

Auch Thea verstand. »Was sagt denn dein Vater dazu?«

Marcel holte tief Luft. »Er schimpft. Er sagt, er hat nicht Städteplanung studiert, um die Leute voneinander wegzuführen, sondern um Verbindungen zu schaffen und ein Miteinander.«

Miteinander, was für ein schönes Wort. Marcel lauschte ihm nach. Leider sprach der Vater es nur aus. Marcel hätte es gerne mit ihm gelebt. Er seufzte. Mit Mia aber gab es ein Miteinander. Was für ein Glück. Er wollte ihr zu Weihnachten eine Torte schenken, die wie ein Puppenhaus aussehen sollte. Nicht wie ein Hexenhaus! Deshalb war er hier. Besser noch zwei Puppenhäuser mit einem Verbindungsweg. Aber einen Weg ohne Parkplätze, denn um die gäbe es möglicherweise Streit. Ihm kam eine Idee: Am besten wäre es doch, wenn die Häuser mit einer Brücke verbunden würden.

»Der Kunde ist König.« Thea lächelte. »Mach ich doch gerne. Aber warum?«

»Weil auf Brücken keine Autos parken. Nicht einmal auf Autobahnbrücken! Letztes Jahr«, so verriet er ihr nun, »war ich mit meinen Eltern in Venedig. Das ist eine Stadt, die nur aus Brücken und Flüssen besteht, und auf keiner einzigen habe ich auch nur ein Auto gesehen. Aber überall waren die Leute fröhlich und gut gelaunt und haben Eis gegessen. Über Brücken gehen die Leute zu Fuß und wünschen sich einen guten Tag und sind nett zueinander.«

»Was für eine wunderbare Lösung!« Thea schien beeindruckt. »Sag doch bitte deinem Vater, dass er die Brücken dann so bauen soll, dass ich im Frühjahr auf alle Geländer Blumentöpfe stellen kann.«

Päckchenflut

Bis Weihnachten war es nun nicht mehr weit. Thea hatte an diesem Vormittag ihre zweiundsiebzigste Plätzchenkreation fertiggestellt. Seit einer Woche butterte sie in fast jede Sorte einen großen Anteil gemahlener Walnüsse hinein. Der ständig sorgenvoll gebeugte Leander ahnte gar nicht, welchen Gefallen er ihr und der ganzen Stadt mit seiner Spende gemacht hatte. Er selbst allerdings probierte diese nusslastigen Neuerfindungen nicht, da der Verzehr von Nüssen ja klug machte und noch mehr Intellekt wäre ihm einfach zu viel – so hatte er selbst gesagt. Dennoch war er bisher zweimal am späten Nachmittag bei ihr vorbeigekommen und sie hatten fast bis Mitternacht in der Backstube gesessen und die Nüsse geknackt. Dazu aß er Vanillekipfel und Kokosmakronen – nur diese zwei Sorten. Alles andere war ihm suspekt. Er mochte klug sein, dachte Thea despektierlich, aber weise war er nicht.

Jetzt stand sie bei geöffneter Tür in ihrer Backstube und überzog noch ofenwarme Plätzchen mit einer Glasur aus Espresso und schwarzer Schokolade, die mit einem Hauch Chili angereichert war. In den noch heißen Guss drückte sie je eine Walnusshälfte und nickte versonnen. Klar, dass man von denen schlau wurde. Die sahen ja auch schon aus wie ein Hirnkasterl.

Beim Klang der Kundenglocke blickte sie auf und bemerkte den immer leicht unsicher wirkenden Modellbaumeister, wie er sich mit einem großen Paket durch die Tür quälte. Als sie ihm zur Hilfe eilte, überreichte er es ihr mit rotem Kopf. »Das ist für Sie.«

Sie sah ihn lange an. Er hätte ihr Sohn sein können, ihm gehörte noch die Welt. Es tat ihr gut, ihn einfach nur anzuschauen. »Wir haben doch noch gar nicht Weihnachten.«

»Es ist ja auch kein Geschenk«, konterte er, »sondern etwas, was ein bisschen länger halten könnte als nur über die Feiertage.«

»Aha, etwas Nachhaltiges also.« ›Nachhaltig‹ war das Lieblingswort des Nussknackers Leander. Sie sah ihren Besucher an. »Wollen Sie einen Cappuccino?«

Dazu kredenzte sie ihm die noch warmen Plätzchen mit der raffinierten Schärfe und er hob überrascht die Augenbrauen. »Köstlich, der Wahnsinn!«

»Na ja, da ist Espresso drin und ein Geheimnis. Ich sollte dazuschreiben: ›Nur ab 18‹ – was meinen Sie?«

»Sowas steigert garantiert den Umsatz! Und mir ist es egal, denn ich darf sie ja schon essen.« Er griff nach einem weiteren Stück.

Behutsam öffnete Thea das große Paket. Darin befand sich eine Hutschachtel und in dieser Hutschachtel stand das Modell eines Kaffeehauspavillons mit Marmorsäulen und gewaltigen Fensterfronten. Auf deren Bänken lagen innen große weiße Kissen; draußen dagegen war Platz für Kübelpflanzen.

In der Mitte des Pavillons führte eine ausholende Wendeltreppe nach oben und dort – auf dem Dach des Caféhausmodells – hatte dieser Vadim eine gepflasterte Terrasse gezeichnet. Auf der thronte jetzt ein einziger weißer Tisch und neben diesem Tisch war ein weißer Sessel platziert. Dort hinein setzte Vadim nun sehr vorsichtig und mit spitzen Fingern ein weißes Püppchen. »So sieht es doch schon ganz lebendig aus.«

Thea war sprachlos und schluckte. Dann flüsterte sie: »Es ist wunderschön!«

»So könnte es aussehen«, versicherte er ihr. »Wenn wir dran glauben.«

Thea lachte. »Ihr zwei?« Sie wies auf ihn und das Püppchen. Vadim wurde rot. Von dem Püppchen ging ein warmes Leuchten aus.

›Ich bin zu alt für sowas‹, dachte Thea und strich sich mit beiden Händen über die gestärkte weiße Rüschenschürze. Als könne er Gedanken lesen, murmelte Vadim unvermittelt: »Niemand ist zu alt zum Träumen.« Dabei sah er aus, als träume er von der Bauleitung und Verwirklichung genau dieses Pavillons, und über seine Miene huschte ein Leuchten.

Das Glück hat sehr viele Gesichter, wurde Thea klar. Für sie war es die Zeit, die sie in ihrer Backstube verbringen konnte, für ihr Gegenüber die Chance, ein Architekturmodell in die Landschaft zu setzen.

»Es passt wirklich sehr gut zu diesem Platz«, murmelte Thea wehmütig. »Quasi als I-Tüpfelchen zu all diesen italienischen Villen.«

»Das meine ich auch.« Er steckte sich ein weiteres Backwerk in den Mund und seufzte zufrieden.

»Aber ich kann es mir nicht leisten.«

»Ich weiß. Dennoch, lassen Sie das Modell einfach hier stehen. Die Kinder werden denken, dass es eine Laterne ist, und den Erwachsenen zeigt es, dass auch Unmögliches geträumt werden darf.«

»Wovon träumen Sie?« Wäre er ein Kind, so hätte sie ihn nun in ihre Arme genommen.

»Es ist nicht gut, so viel allein zu sein«, gestand er.

Thea nickte. »Da haben Sie recht.«

Leander hatte ihr vor einigen Tagen gebeichtet, dass er sein Glück in einem Satz wähnte. Wer diesen Satz zu ihm sagte und zudem die Worte in die richtige Reihenfolge brachte, dürfe ihn glücklich machen.

»Ist es jemandem gelungen?« Thea hatte ihn neugierig angesehen.

»Nein.« Und zögernd hatte er hinzugefügt. »Jetzt aber geht es mir nur noch um ein Wort und wir werden es finden.«

»Dann werde ich ganz viel Nüsse essen, so komme ich schon darauf.« Die Bäckerin hatte gelacht.

»Das wäre schön!« Sie hatten sich angeschaut und gleichzeitig ihre Hände auf den Tisch gelegt, ihre Fingerspitzen hatten sich berührt.

Der Modellbauer holte sie in die Gegenwart zurück.

»Ich muss gehen. Ich arbeite gerade an einem Einkaufszentrum. Ein vielschichtiges Gebäude. Dann bis morgen.«

Als Thea sich erneut dem Pavillon zuwandte, bemerkte sie, dass das kleine Püppchen verschwunden war.

Teilchenbeschleunigung

Heute waren die auszuteilende Post und die Tour so klein, dass es sich kaum lohnte, den Wagen zu nehmen. Aber es schneite und es war kalt. Unschlüssig stand Veronika Fischer mit ihrer wasserdichten Tasche und den letzten Weihnachtsbriefen im Fuhrpark der Post. Fuhrpark war ein bisschen zu viel gesagt, denn eigentlich gab es nur zwei Autos und vier Fahrräder für insgesamt zwei Briefträgerinnen und drei Briefträger. Eine davon war sie.

Veronikas Mann Siegmund hatte heute früh die Zentralheizung eingeschaltet und mit mürrischem Unterton festgestellt: »Sibirischer Winter« und Veronika so angesehen, als sei ausgerechnet sie dafür verantwortlich. Dabei fuhr Siegmund jeden Tag in sein warmes Büro mit netten Kollegen und Kolleginnen, die ihm Kaffee kochten und dazu selbst gebackene Plätzchen und Lebkuchen anboten. Er hatte seinen Gürtel schon etwas weiter geschnallt. Sie hatte es genau gesehen! Sie dagegen fror und verbrauchte dabei Kalorien.

Warum nur hatte sie gestern nicht den Stollen gebacken? Weil sie bereits von Theas Plätzchen zu satt gewesen war? Dabei hatte sie sich doch vor Kurzem vorgenommen, die Dinge immer gleich in dem Moment zu tun, in denen sie daran dachte. Sonst rutschten sie mit einem »hätt' ich doch« in die Vergangenheit oder mit einem »ich muss noch« in die Zukunft« – beides Zeitformen, in denen nichts erledigt werden konnte.

Die eigentlichen Dinge geschehen immer nur im Hier und Jetzt. Auf diese Erkenntnis hatte die Bäuerin sie gebracht. Dass die auch jetzt, wie an jedem Vormittag der vergangenen Monate, freudestrahlend an ihrem Küchentisch saß, versöhnte Veronika mit der sibirischen Kälte. Es tat gut, um diese eine zu wissen, die nicht jammerte und klagte.

Denn fast alle Menschen, denen sie begegnete, hatten Kummer: Schmerzen, unerfüllte Wünsche, kaputte Computer, nicht funktionierende Küchengeräte, zu erledigende Post auf dem Tisch, keine Zeit für sich und erst recht nicht für andere – also etwas zum Stöhnen. Nur die Bäuerin saß in der Früh freudestrahlend an ihrem Küchentisch. Vor sich das goldene Ei und neben sich die unsichtbare Holzfrau, mit der sie weitsichtige Gespräche führte.

Einmal hatte Veronika ihrem Mann von dem Vermächtnis der Holzfrau erzählt. Der hatte fassungslos den Kopf geschüttelt und entschieden, die Bäuerin müsse diesen Schatz sofort zur Sparkasse tragen und in einen Tresor einschließen »Das Ei ist zu wertvoll!« Aber konnten Dinge wirklich wertvoller sein als Menschen?

So ein Ei würde in einem lichtlosen Schließfach nichts als Dunkelheit ausbrüten. Da war es schon besser, dass es auf dem sonnenüberfluteten – nun gut, heute schneedunklen – Tisch der Bäuerin stand und Glück verbreitete, und zwar jetzt und in diesem Augenblick. Ein goldenes Ei in einem Safe hatte doch nur den Zweck, sich auf den Tag zu freuen, an dem man es endlich herausnehmen und angucken konnte. Aber für derartige Wartefristen, so die Bäuerin, hatte sie keine Zeit.

Außerdem würde dieses Wegsperren auch noch was kosten! Und wer zahlte schon für einen Verzicht! Da stand es doch besser in aller Freiheit völlig umsonst in ihrer Wohnküche und leuchtete. Gelegentlich, wenn sie ihr Fenster öffnete, flatterte ein wenig von diesem Leuchten hinaus. Tatsächlich hatte Veronika vor einigen Wochen gemeint, dieses Funkeln wahrzunehmen. Es war bis in die Nähe des Hauses von Leander Müller-Seemannshausen geflattert. Doch der hielt Fenster und Türen fest verschlossen, damit so etwas nicht eindrang; dafür aber hatte sie Radiergummiabrieb auf seiner äußeren Fensterbank entdeckt.

Die Bäuerin nahm den hellblauen Brief entgegen und suchte Veronikas Blick. »Habe ich ihnen schon gesagt, dass Herr Holzmann mir nun fast jeden Tag schreibt? Er hat es immer noch nicht aufgegeben! Zum Nikolaustag hatte ich ihm übrigens ein Schokoladenei bei der Bäckerin bestellt. Das hat ihn so gekränkt, dass er augenblicklich abgereist ist. Und nun kommen seine Briefe.« Ihr Lächeln hatte was Verschmitztes.

Veronika betrachtete das Büttenpapier mit dem eingeprägten Siegel. »Der ist auch von ihm?«

»Ja. Obwohl, eigentlich schreibt er an das Ei. Das ist ihm wichtig. Ich soll es in einen Safe tun.«

»Dann ist es wohl sehr wertvoll.« Veronika dachte an ihren Mann. Der hatte behauptet, dass die ziselierten Kleinode des Herrn Fabergé unter Sammlern zum Teil in Millionenhöhe gehandelt wurden.

»Für mich ist es wertvoll, weil es mich jeden Morgen glücklich stimmt«, bestätigte die Bäuerin. »Ich schaue es an und muss lächeln. Und dann setzt sich die Holzfrau zu mir und wir reden miteinander und alles wird klar. – Wollen Sie kurz hereinkommen?«

Vielleicht lag es am Schneeregen draußen vor der Tür; das Ei schien wirklich zu leuchten und ein helles Strahlen abzugeben. Die Postbotin staunte: »Wie schön!«

»Sehen Sie auch die Glücksteilchen?« Die Bäuerin strahlte. »Denn es ist nicht nur ein Ei, es ist auch ein Glücksteilchenbeschleunigungsprogramm.«

»Wo haben Sie denn dieses Wort her?« Veronika stutzte. Den Begriff Teilchenbeschleunigung benutzte sonst nur ihr Mann.

»Ich selbst habe es erfunden.« Stolz öffnete sie ihr Fenster und sah die Postbotin an. »So, nun entlasse ich das Glück in unsere Stadt.« Ein Funkenregen stob davon. Veronika hatte das Empfinden, als bliebe einer dieser Funken an ihrem rechten Ohr hängen. Ein glitzernder Ohrring. Das tat gut. Das Glücksvirus war ansteckend.

Vielleicht sogar bei ihrem Mann.

Frühling

Aschenlast

Die Landschildkröte maß etwa dreißig Zentimeter und überquerte in aller Ruhe die asphaltierte Straße. Es war Anfang März. Gelbe Winterlinge blühten an den Flussläufen. Eigentlich hätte die Schildkröte um diese Jahreszeit noch schlafen müssen. Auf ihrem Rückenschild trug sie einen Aschenbecher, dessen Rand ausgerechnet mit der Frage »Wer wird denn gleich in die Luft gehen ...?« beschriftet war und damit für eine bestimmte Zigarettenmarke warb.

Veronika konnte sich noch gut an das HB-Männchen erinnern. Als Kind hatte sie diese Werbeclips geliebt und jedes Mal gejauchzt, wenn die Trickfigur an den Tücken des Alltags zerbrach, dampfend in die Luft ging und angesichts einer dargebotenen Zigarette zu Friedfertigkeit und Ausgelassenheit zurückfand, denn dann »... ging alles wie von selbst.«

Ein Märchen. Gäbe es tatsächlich so etwas wie eine Zigarette gegen schlechte Laune, so hätte sie ihrem Mann schon längst eine Schachtel gekauft und ihn zum Rauchen genötigt. Fast hätte sie die Schildkröte mitsamt deren porzellanener Last überrollt – und das wäre in der Tat auch für sie ein Grund für schlechte Laune gewesen.

Die Postbotin bremste, stieg vom Rad und ging vor dem Tier in die Knie. Der Aschenbecher aus den sechziger Jahren war auf dem Panzer des Tieres festgeklebt. Veronika schüttelte den Kopf. »Wer machte denn sowas?«

Die Schildkröte jedoch gab keine Antwort. Ein Blick in den Aschenbecher ließ erkennen, dass dieser noch vor Kurzem benutzt worden war. Ausgedrückte Zigarettenstummel lagen darin und feuchte Aschehäufchen; vermutlich war sie schon seit der Nacht mit ihrer Aschelast unterwegs und wollte sich die inzwischen heißgelaufenen Plattfüße im Morgentau am Straßenrand kühlen. Sie war bestimmt einem Raucherhaushalt entwischt und wenn Veronika für eines Verständnis hatte, dann für diese Flucht.

»Wo kommst du denn her?« Sie beugte sich zu dem laufenden Aschenbecher. Das Tier hob den Kopf und gab zaghafte Grunzlaute von sich.

Veronika fragte sich, wer hier in der Gegend rauchte. Ihr fiel nur einer ein. Und zwar jener ältere Herr, von dem es hieß, er habe einst an einer Hochschule gelehrt. Seitdem er nach eigenem Bekunden zu alt zum Unterrichten war, stellte er alljährlich die interessantesten Forschungsergebnisse seiner Studenten zu einem Sammelband zusammen. Da er sich weigerte, die Manuskripte elektronisch entgegenzunehmen, hatte Veronika im Laufe ihres Postbotinnendaseins schon mehrere zehntausend Blatt beschriftetes Papier in dessen Haus getragen. Er hatte ihr immer mit einer Zigarette im Mundwinkel die Tür geöffnet. Eine Schildkröte jedoch war ihr dabei noch nie über den Weg gelaufen.

Einmal hatte sie ihn auf sein Laster angesprochen und kopfschüttelnd festgestellt: »Sie rauchen ja wirklich eine Zigarette nach der anderen.«

Daraufhin hatte er sie nachdenklich angesehen und wissen wollen: »Soll ich etwa zwei gleichzeitig rauchen?«

Voller Mitleid betrachtete Veronika nun die Schildkröte. Möglicherweise waren deren eigenartige Grunzlaute bereits Vorboten eines Raucherhustens. Mit beiden Händen hob sie sie hoch und setzte sie in den stählernen Korb ihres Postrades.

Das Tierheim lag ein wenig außerhalb der Stadt. Um ihren kleinen Fahrgast vor Wind und Wetter zu schützen, baute sie ihm ein Nest aus großformatigen Briefumschlägen. Einer davon trug die Adresse des rauchenden Professors. Den legte sie direkt unter die Schildkröte. Falls diese ein Geschäft machen müsste, so sollte sie dieses auf dem Namen des Herrn Professors erledigen.

»Ich bring' dich nicht zu dem zurück«, versprach sie dem Tier. »Du bist doch kein Aschenbecher!« Bei der Vorstellung, dass ihr grunzender Fahrgast auf seinen Säulenbeinchen und mit brennenden Zigaretten im Huckepack durch die Papierberge des Raucherhauses gestreift sein mochte, wurde ihr ganz anders. War es nicht ein Wunder, dass dieses Haus noch nicht abgebrannt war? Und wie hatte der Kettenraucher diesen Aschenbecher geleert? Hatte er das Tier einfach in den Garten geschickt und darauf gewartet, dass Wind und Wetter den Job für ihn erledigten, oder hatte er die Schildkröte kurzerhand auf den Kopf gedreht? »Gut, dass du ausgebüxt bist«, tröstete sie eher sich selbst als das Tier und trat fester in die Pedale.

»Tierheim« war möglicherweise ein wenig zu hochgestochen gesagt. Aber es war nun mal so, dass in dem Haus, das Barbara bewohnte, alle heimatlosen Tiere ein Zuhause fanden, ein gutes Zuhause. Kaninchen, Katzen und Hunde lebten dort in friedlicher Koexistenz miteinander, im ersten Stock hausten Mäuse, Chinchillas und Kaninchen in großen Käfigen und zeugten ununterbrochen Nachkommen und draußen im Garten gab es eine riesige Vogelvoliere, die von Barbaras Freunden um eine breite Buche herum errichtet worden war.

Niemand wusste, wovon Barbara lebte. Sie behauptete, dass Tiere ihr Glück brächten – »und überhaupt: Ich brauche ja nichts.« Tatsächlich schien sie immer und von allem im Überfluss zu haben: Kleidung, Lebensmittel, Hunde- und Katzenfutter und Freundinnen und Freunde, die in unterschiedlichen Konstellationen verschieden lang bei ihr wohnten und sie offensichtlich für ihre Gastfreundschaft bezahlten. Barbara zitierte gern die Bibel, wenn es um eine Zukunft ging, für die sie doch eigentlich sorgen müsste:

Seht euch die Vögel des Himmels an: Sie säen nicht, sie ernten nicht und sammeln keine Vorräte in Scheunen; euer himmlischer Vater ernährt sie. Sorgt euch also nicht um morgen; denn der morgige Tag wird für sich selbst sorgen.

Zu gern hätte Veronika ihren Mann für ein paar Wochen zu Barbara in Pension geschickt, damit Siegmund von dieser noch so jungen Frau und ihren tierischen Mitbewohnern etwas lernte. Aber Siegmund war kein Tier, auch wenn er sich oft wie ein brummiger Bär gebärdete.

»Eine Schildkröte!« Barbara beugte sich über den laufenden Aschenbecher. »Die müssen wir ja erst mal von ihrer Last befreien. Schildkröten habe ich noch gar nicht. Das heißt, nun gibt es eine neue Zahl.« Sie strahlte.

»Meine Tiere haben nicht nur Namen, sondern auch Zahlen«, erklärte sie der verdutzt dreinblickenden Veronika. »Einmal in der Woche rufe ich nach ihnen und die, die dann kommen, genau deren Zahlen kreuze ich dann auf meinem Lottoschein an. Und wissen Sie was, ich habe quasi bei jeder Ziehung einen kleinen Gewinn. Wie soll die Schildkröte heißen?«

»Siebzehn und Natalie«, sagte Veronika, ohne groß darüber nachzudenken, und tatsächlich sollte in den Lottozahlen des folgenden Samstages auch eine Siebzehn vorkommen. Das war aber der einzige Treffer, Barbara dagegen hatte fünf Richtige, zwar ohne Zusatzzahl, aber dennoch half ihr das über die nächste Zeit.

Cena

Die Tortenbäckerin und die Briefträgerin hatten an diesem Nachmittag Barbara besucht; gemeinsam hatten sie auf dem großen Ledersofa gesessen, Barbara in der Mitte, und eine jede hatte aus ihren Leben erzählt. Barbara hatte Fotos hervorgekramt. Es waren auffällig wenige gewesen und erst nachdem ihre Besucherinnen gegangen waren, fiel es auch Barbara auf: Auf sämtlichen Fotos stand sie am Rand. Immer bildete sie die Grenze, egal ob rechts, links, oben oder unten. Nie stand sie zwischen zwei Personen. Vorhin jedoch hatte sie zwischen Thea und Veronika gesessen, ein fremdartiges und unvertrautes Gefühl: von zwei Seiten gewärmt und geschützt.

Sobald sie sich aber zu ihren Tieren auf den Fußboden setzte, war sie in deren Mittelpunkt. Alle versammelten sich um sie. Hunde, Katzen, Hamster, Chinchillas, Wellensittiche und Papageien – wie auf Noahs Arche – und sogar diese eigenartige Schildkröte, die einst als wandelnder Aschenbecher gedient hatte, suchte inzwischen ihre Nähe.

Barbara hatte sie während der letzten Wochen im Keller ausschlafen lassen und sie Cena genannt – wie Asche oder Abendessen auf Italienisch.

»Du hast dich ja selbst immer an den Rand gestellt«, hatte Veronika bemerkt. »Warum?«

»Zufall?« Barbara wusst es nicht. Nun, auf dem Teppich sitzend und zwischen all den Hunden und Katzen, beschlich sie eine Ahnung. Sie war aus keiner Mitte in dieses Leben gekommen und auch in keiner Mitte gelandet. Als Neugeborene war sie von fremder Hand auf die Schwelle dieses Hauses gelegt worden, an die Grenze zwischen Innen und Außen. Jemand hatte sie einem alten und mürrischen Ehepaar zugedacht, das nie miteinander sprach, dafür aber das Kind mit Klagen und Unbill überhäufte. Vielleicht hätte sie deren Sonnenschein sein sollen, aber beide, Mann und Frau, warfen zu dunkle Schatten und so war Barbara beizeiten an die Ränder der ständig weiterwachsenden Verbitterung geflüchtet. Dort war es manchmal warm. Ränder waren gut. Da richtete sie sich ein.

Als hätten sie lediglich die Volljährigkeit ihres Ziehkindes abgewartet, legte sich das zerstrittene Paar eines Abends in ungewohnter Eintracht nebeneinander ins Ehebett – und starb.

Das Schwellenkind erbte ein Haus und öffnete als Erstes Fenster und Türen für Sonne und Licht. Schon roch es anders, schon wich die Bitterkeit.

Barbara begriff: Alles hat zwei Seiten. Die dunkle kannte sie. Nun war die helle an der Reihe. Wie in einem Experiment beschloss sie, all das, was sie selbst sich wünschte, anderen zu geben. Die Zieheltern hatten Klagen gegeben und Klagen erhalten. Barbara gab Lächeln, Zuversicht, Anteilnahme und Zeit – und erhielt alles im gleichen Maße zurück, wenn auch nicht immer von den gerade Beschenkten.

Der Sparkassendirektor war vorstellig geworden und hatte ihr geraten, ihr Erbe klug zu verwalten, der Schuldirektor stand eines Tages an ihrer Gartentür und redete eindringlich auf sie ein: »Du musst einen Beruf ergreifen, sonst wird es traurig enden.« Dabei hatte ihr Leben doch schon so bitter begonnen. Selbst die Kramersfrau hielt sich nicht mit guten Ratschlägen zurück. »Such dir einen reichen Ehemann!« Als seien Reichtum und Glück ein- und dasselbe. Dass dem nicht so war, hatte sie an ihren Stiefeltern gesehen.

Hieß es nicht, wer sucht, der findet und wer selber gibt, dem wird auch gegeben?

Sie gab. Sie gab Zeit, ein offenes Ohr, den Hungrigen gab sie zu essen und all den Tieren, die ihr zuliefen oder die zu ihr in Pflege kamen, schenkte sie Sicherheit, einen zuverlässigen Tagesablauf und genügend Futter.

Wenn sie nicht mehr wusste, wie sie das alles finanzieren sollte, so verabredete sie sich mit dem Hund, der Katze, dem Wellensittich oder dem Zwerghasen, die an diesem Tag zuerst auf ihr Bett gesprungen waren, in ihrem alten Kinderzimmer. Dort hatte sie alle Zahlen von eins bis neunundvierzig auf den Fußboden gemalt und sie war bereit, den ganzen Tag zu warten, bis sich das Tier auf insgesamt sechs Zahlen niedergelassen hatte. Die kreuzte sie auf einem Lottoschein an und nicht einer dieser Tipps war bisher eine Niete gewesen. Es kam zwar nie so viel zusammen, dass sie damit für alle Zeiten ausgesorgt hätte, aber die nächsten Monate waren immer zu überleben. »Du musst doch planen«, hatte der Schuldirektor gesagt und dazu fassungslos den Kopf geschüttelt.

Wenn Barbara jedoch eines von ihrer Ziehmutter übernommen hatte, dann den Satz: »Alles kommt, wie es kommen muss!« Die alte Dame hatte diesen Spruch allerdings auf Unglücke und Katastrophen bezogen. Barbara rechnete mit dem Gegenteil.

Sie wusste, dass man sie für verrückt hielt, aber das war ihr egal. Seit genau zehn Jahren ging es ihr endlich gut und so sollte es auch bleiben. Sie öffnete jedem die Tür und noch nie war sie von ihren Gästen gekränkt oder beleidigt worden, keiner hatte ihr etwas gestohlen oder hatte sie verletzt. Nicht einmal hatte jemand ein böses Wort zu ihr gesagt und das konnte man von denen da draußen nicht immer behaupten.

»Was hast du nur mit all diesen Losern im Sinn?« Der Sparkassendirektor verstand es nicht, vermutlich, weil ihm die Kontostände von Barbaras Besuchern vertraut waren.

»Das sind keine Loser, die haben sich höchstens mal nur kurz verlaufen«, hätte sie ihm am liebsten geantwortet. Aber so einer wie der würde sie ja doch nicht verstehen. Sie dagegen befand sich endlich nicht mehr am Rand, sondern war eingebettet in ein Netz von Freunden. Irgendwann würde sie ihr Haus in ein Tierheim umwandeln. Dazu brauchte sie aber jemanden, der ihr dabei half. Noch war es eine Pension für Menschen und Tiere. Eine Arche Noah der Gestrandeten.

Überall blühten Winterlinge, die Luft roch nach Frühling und Erwartung und als Barbara auf dem Weg zu Vadim auf die Straße trat, hatte sie ganz kurz den Eindruck, als liefe ein kleines und sehr weißes Figürchen vor ihr her und weise ihr den Weg. Doch immer, wenn sie genauer hinsehen wollte, war es verschwunden. Was blieb, war reine Freude. Das Leben war schön.

Hauserfindungen

Seit circa einer Woche glaubte Barbara ihm nicht mehr, dass er sich tatsächlich einen vierbeinigen Hausgenossen wünschte. Entweder man wollte oder man wollte nicht. Aber dieses ständige Zögern! Sie hatte ihm Hunde und Katzen vorgestellt; gemeinsam hatten Vadim und sie das Verhalten der kläffenden und miauenden Fellbündel beobachtet, doch sobald sie hoffnungsvoll »Und?« fragte, hob er die Schultern und murmelte: »Ich weiß nicht.« Er wollte sich nicht festlegen.

Sie erkannte, dass ihr das sehr recht war. Sie ging gern mit einem ihrer Schützlinge zu Vadim und in dessen Loft, die Katze im Korb, den Hund an der Leine, Hamster, Kaninchen oder gar Chinchillas reisten im eigenen Käfig an.

»Dann schauen wir mal«, sagte Vadim und gemeinsam beobachteten sie den mitgebrachten Gast. Keines der Tiere benahm sich daneben. Mühelos passten sie sich der Stimmung des Ateliers an. Die war in erster Linie zurückhaltend. Wenn Barbara an Vadim dachte, so fiel ihr gleichzeitig das Wort »durchdacht« ein. Schließlich war in seinen vier Wänden alles logisch, einleuchtend, ausgereift und klug. Jedes Ding stand an seinem Platz, nichts war überflüssig und nichts fehlte. Angesichts dieser Übersichtlich-keit erschienen ihr das eigene Zuhause und das eigene Leben wie ein chaotisches Durcheinander, voller Abschwei-fungen, Planänderungen, Umentscheidungen. Er dagegen fand ihr Leben spannend. »Bei mir gibt es keine Über-raschungen.« Und tatsächlich: Nicht einmal die mit Bar-bara gekommenen Besuchstiere unternahmen irgendwas, um ihn zum Staunen zu bringen; sie gaben sich gesittet und wohlerzogen.

Veronika hatte Vadim von Barbara und ihren Tieren er-zählt und Vadim war interessiert gewesen und hatte sie in sein Atelier eingeladen. Sonst wären sie sich vermutlich niemals begegnet. Durch die Glasfenster seines Ateliers hatte der Modellbauer einen perfekten Blick auf die Stadt. Er kannte alle vom Sehen und Veronika wusste zu jedem den passenden Namen.

Vadim kannte den ketterauchenden Wissen-schaftler vom anderen Ende des Ortes und er hatte die schöne und launische Laura aus sei-nem verglasten Studio heraus beobachtet. Er sah gleich in der Früh, mit welcher Laune Siegmund Fischer sich dem Tag stellte (fast immer schlecht), und er war Leander bei der Schreibwarenhändlerin begegnet, als dieser ungefragt über die Bedeutung von Bleistiftminen und Radiergummis dozierte. Bei der Torten-bäckerin trank er allmorgendlich seinen Cappuccino und während des vergangenen Herbstes hatte er mit dem un-glücklichen Herrn Holzmann gelitten, der von der Hühner-bäuerin nicht erhört wurde, so sehr er sich auch bemühte. »Dabei backt sie so wunderbaren Kuchen. Ich rieche es bis hier oben.« Barbara hatte sein Seufzen registriert und war am nächsten Tag nicht nur mit einem dunkelgrauen Schnauzer, sondern auch mit einem Hefezopf bei ihm vorstellig geworden.

Hund und Modellbauer waren nicht warm miteinander geworden, der Kuchen jedoch hatte keine Chance, kalt zu werden – so schnell hatte Vadim ihn verputzt. Seitdem kam sie täglich. Immer mit der gleichen Vorfreude, aber nie mit dem gleichen Tier.

Das nächste Mal war sie mit einer alten Katzendame zu ihm gegangen und während die ihren Korb nicht einmal verließ und zufrieden schnurrte, war sein Blick unruhig zwischen dem Katzenkorb und seinen Modellbauten hin- und hergewandert, als fürchte er, die betagte Stubenlöwin könne jederzeit aufspringen und wie Godzilla seine Miniatursiedlung mit Einkaufszentren und gläsernen Hochhaussäulen dem Erdboden gleichmachen.

Barbara lächelte über seine Besorgnis und auch über seine Fürsorge. Einmal sah es so aus, als nähme er behutsam ein kleines Figurinchen von einem Bildschirmrahmen. Sie kniff die Augen zusammen – aber da war nichts mehr zu sehen. Sicher hatte sie sich getäuscht.

»Hast du mal über ein Haus für deine Tiere nachgedacht?«, wollte später von ihr wissen und sie hatte vehement den Kopf geschüttelt. »Ich mag es nicht, wenn es für alles Häuser gibt: Häuser für Kranke, Häuser für Arme, Häuser für Verrückte und Häuser für Verbrecher und dann noch das Haus zum Raten.«

»So eines kenne ich nicht«, hatte er sie unterbrochen.

»Natürlich kennst du es, das Rathaus«, stellte sie klar, »aber auch das ist ein falsches Etikett, denn dort wurde mir noch nie ein Rätsel aufgegeben und einen Rat hat mir auch niemand je erteilt.«

Er sah sie lange an: »Wenn du schon alles so katalogisierst: Was für ein Haus wäre denn deines? Ein Familienhaus? Ein Tierheim?«

»Nein, für mein Haus gibt es keinen Namen. Es ist zu unordentlich.«

»Was machst du denn in deinem Haus?«

Sie beugte sich zu der Katze und murmelte: »Leben.« Dann sah sie ihn an. »Ja, ein Haus zum Leben wäre gut. Schließlich gibt es ja auch Häuser zum Sterben.«

»Aber Leben ist doch überall«, gab er zu bedenken und an der Art und Weise, wie er sich in seiner weißen Fabriketage umblickte, erkannte sie, dass er sich fragte, ob er wirklich lebte.

»Früher gab es auch noch Badehäuser«, versuchte sie ihn abzulenken. »Dafür gibt es heute Frauenhäuser.«

»Fände ich dort eine Frau? Ist es wirklich so einfach?« Er lachte unsicher.

Sie war sich nicht sicher, ob er es ernst meinte, und schüttelte den Kopf. »Nein, das glaube ich nicht.« Dann schwiegen sie.

Schließlich suchte er Barbaras Blick. »Kann ich dich mal besuchen in deinem Haus, in dem Haus des Lebens?«

»Wenn du wirklich willst?« Sie sah sein Zögern und warnte ihn: »Dort ist vieles unberechenbar und ändert sich von heute auf morgen. Nichts ist von Dauer so wie hier.« Mit einer Handbewegung fing sie sein gesamtes geordnetes Atelier ein.

»Dann ist es dort lebendig«, stellte er fest und sah in die linke Brusttasche seines weißen Kittels. Dort bewegte

sich etwas Weißes und fast   Durchsichtiges und Barbara
dachte ganz kurz, es könne eine Albino-Maus sein. Aber
auf die hätte eigentlich ihre Katze reagieren müssen.

Randständig

Barbara wunderte sich über ihr Herzklopfen. Vadim kam
doch nur vorbei, um ihre Tiere zu sehen. Dennoch hatte
sie sich den Wecker gestellt und bereits um sechs Uhr in
der Früh damit begonnen, das Haus aufzuräumen. Das war
kein leichtes Unterfangen. Alle, die irgendwann einmal bei
ihr gewesen waren, hatten etwas zurückgelassen und im
Vergleich mit Vadim begriff sie sich nun als Sammlerin und
Horterin und nicht als eine, die sich auf das Wesentliche
konzentrierte.

»Was ist los?«, wurde sie von ihrer augenblicklichen
Mitbewohnerin gefragt. »Für wen machst du so viel Platz?
Zieht noch jemand ein?« Rena hatte die Frage ängstlich
gestellt und Barbara ahnte, dass Rena, die viele Jahre auf
der Straße gelebt hatte, nun befürchtete, sich entweder ihr
Zimmer mit jemandem teilen oder gar das Haus verlassen
zu müssen.

»Vadim kommt. Er will sich ein Tier aussuchen«, sagte
sie schnell, um Rena zu beruhigen.

Die atmete sichtlich auf. »Dann solltest du den Hunden
und Katzen ein Schleifchen umbinden, sie bürsten und
ihnen die Nägel schneiden, anstatt hier Dinge von einem
Eck ins andere zu räumen. Und überhaupt: Warum wirfst
du nichts weg? So viel unnützes Zeug!«

»Weil es mir nicht gehört«, gestand Barbara und tatsächlich wurde ihr erst in diesem Moment bewusst, dass alles, was sie besaß, von anderen hereingetragen und dann vergessen worden war: Decken, Kissen, Geschirr und Kleidung, ja selbst eine Couch, waren von wechselnden Mitbewohnern angeschleppt worden. Die Menschen verschwanden, ihre Dinge blieben.

»Aber das ist doch dein Haus? Die Zimmer gehören dir und auch die meisten Möbel.« Rena verstand es nicht. Sie war mit Mitte vierzig in die Arbeitslosigkeit gerutscht und hatte lange als Bürgerin ohne festen Wohnsitz in einer Großstadt gelebt. Im letzten Winter war sie von jemandem mitgebracht und dagelassen worden, so wie Barbaras Besucher auch ihre Hunde mitbrachten und dann vergaßen. Dieser Jemand war ohne Rena weitergezogen. Seit dem Jahreswechsel verzichtete Rena auf Alkohol und hatte Angst vor fremden Menschen.

»Ich weiß nicht, ob es mein Haus ist«, antwortete Barbara. »Es könnte immer noch jemand Anspruch darauf anmelden.«

»Nach zehn Jahren?! Niemals. Es gehört dir, schon allein wegen des Gewohnheitsrechts.«

Rena wusste für andere immer, was gut und richtig war, für sich selbst jedoch nie. Zu Zeiten, als sie noch Arbeit gehabt hatte, hatte sie in einem Einzimmerapartment gelebt, später, als Arbeitslose, unter Brücken und jetzt war sie unter Barbaras Fittiche gekrochen, wie sie selbst es nannte. »Hauptsache unter irgendwas.« Sie hatte kein Geld, um Miete zu zahlen, beaufsichtigte aber alle Tiere, wenn

Barbara mit einem ihrer Vierbeiner im sogenannten Zahlenzimmer verschwand und dort ihre Kreuzchen in die richtigen Kästchen setzte.

Rena bekam nie Post. Von niemandem. Als gäbe es sie gar nicht. Nicht einmal zur Wahl wurde sie eingeladen und kein einziges Reklameschreiben war je an sie gerichtet worden. Einmal hatte Barbara überlegt, ihr einen Brief zu schreiben oder ihr ein Weihnachtspäckchen zu schicken. Aber vermutlich hätte das Rena mehr Angst als Freude gemacht.

»Ich kann dir Küche, Bad und Wohnzimmer putzen«, bot Rena nun an. »So machen wir einen guten Eindruck.«

Er kam um zwei und hatte eine Torte in Form einer zusammengerollten Katze dabei. »Du magst die Tiere ja so sehr.«

»Aber nicht zum Fressen!« Das war unhöflich und Barbara stand zögernd vor dem überaus echt wirkenden Kunstwerk mit dem Marzipanüberzug. »Ich kann da nicht reinschneiden!«

Vadim wurde rot. »Das war unklug von mir. Entschuldige.« Er packte die von Thea kunstvoll hergestellte Torte wieder in die dazugehörige runde Schachtel.

Verunsichert ließ Barbara sich auf ihr großes, grünes Sofa mit den hohen Lehnen nieder und war augenblicklich umringt von Katzen. Er setzte sich ihr gegenüber in einen roten Ohrensessel. Der Raum war voller Tiere und ein jedes beobachtete ihn mit verhaltener Neugierde.

Vadim dagegen nahm Barbara in den Blick. »Das hat was, wie du inmitten deiner Tiere thronst. Mir gefällt es.«

»Sie stellen mich nie an den Rand«, erklärte Barbara. Er nickte, als würde er verstehen. Rena betrat den Raum.

Sie hatte sich tatsächlich eine weiße Schürze umgebunden und fuhr nun auf einem hochrädrigen Teewagen Kaffeegebäck und einen aufgeschnittenen Rührkuchen ins Zimmer. Selbst die Wände und Regale des Raumes schienen stramm zu stehen, so vornehm wirkte die Szene. Rena verschwand mit hocherhobenem Haupt und hochgesteckten Haaren. Barbara sah ihr überrascht nach.

»Und was tun sie sonst, deine Tiere? Wachsam sind sie nicht, sonst hätte ein Hund gebellt. Fleißig sind sie nicht, sonst würden sie nicht am helllichten Tag auf dem Teppich liegen und gähnen. Ordentlich sind sie auch nicht, schau mal!« Vadim wies auf einen großen Drahtkäfig: »Die Chinchillas dort werfen ihre Nussschalen auf den Boden. Was tun sie für dich?«

»Sie nehmen mich, wie ich bin«, antwortete Barbara. »Das ist viel. Ich durfte nie so sein, wie ich wollte.« Sie reichte ihm ein Stück Kuchen. »Immer sollte ich anders sein.«

»Das kenne ich«, gestand Vadim und staunte über diesen Satz, aber er stimmte. Die Rendezvous der vergangenen Monate waren frustrierend gewesen. Alle Frauen hatten ihm gestanden, dass sie ihn sich anders wünschten: anders aussehend, einen anderen Beruf sollte er haben, bessere Verdienstmöglichkeiten und Aufstiegschancen, er sollte sich anders bewegen, anders kleiden, zu einem anderen Friseur gehen ... nicht einige Details, nein, alles sollte anders sein.

Barbara sah ihn lange an. »Du? Du bist doch perfekt. Bei dir stimmt doch alles.«

Er räusperte sich: »Hier stimmt auch alles. Hier darf ich sein.«

»Was denn sonst? Darum geht es doch.« Sie reichte ihm ein weiteres Stück Kuchen. »Selbstgebacken!«

Er begriff: Die wesentlichen Dinge sind die, die man empfängt und die man gibt. Nur darauf kommt es an.

Zettelwirtschaft

Irgendwann im Spätfrühling beobachtete Barbara Rena dabei, wie diese einen zuvor eng beschriebenen gelben Post-it-Zettel zusammenfaltete und in ihrer Schürzentasche verschwinden ließ. Sie hatte inzwischen gelernt, Rena nicht nach dem zu fragen, was sie tat und warum sie es tat. Entweder sprach sie selbst darüber oder nicht. Gegen Ende der Woche war die Schürzentasche erkennbar immer dicker geworden, angefüllt mit zusammengefalteten Zetteln und vermutlich dick bepackt mit geheimnisvollen Botschaften, die Barbara zu gern gelesen hätte.

Überhaupt trug Rena seit jenem Tag vor einigen Wochen, als sie mit dem Servierwagen ins Wohnzimmer gekommen war, nun ständig eine weiße Schürze und eine Hochfrisur. Das Haar jeden Tag aufs Neue kunstvoll mit Klämmerchen aufgetürmt, die Schürze jeden Tag frisch. Sie hatte wohl den gleichen Tick wie Thea, die Tortenbäckerin. Ob sie sich mit der absprach?

Allmorgendlich füllte Rena ihre Zettelwirtschaft von den Taschen der getragenen in die der frisch gestärkten Schürze um. Nur montags nicht. Da begann sie von vorn mit ihrer Schreibarbeit. Beiläufig hatte sie Barbara gegenüber neulich angemerkt, dass sie zu gern gegen Ende des

18. Jahrhunderts gelebt hätte und dann in einem großbürgerlichen Haushalt eine Hausdame gewesen wäre.

»Dann musst du doch ständig tun, was die Herrschaft von dir verlangt«, hatte Barbara zweifelnd gemeint.

»Ja und? Dafür muss ich mich dann selbst um nichts kümmern. Die sagen mir, was zu tun ist und was richtig für mich ist. Die sind verantwortlich für mein Wohlbefinden.«

Barbara fragte sich, ob Rena damit auf ihre Erfahrung auf der Straße anspielte, als sie für sich selbst verantwortlich gewesen und damit gescheitert war.

»Du kannst gerne Hausmädchen spielen«, hatte sie vorgeschlagen, »aber ich sage dir nicht, was zu tun ist.«

»Das sehe ich schon von allein!« Und so hatte Rena, glücklich und umgeben von einer stillen Zufriedenheit, damit begonnen, ein Zimmer nach dem anderen zu putzen und die dort herumliegenden Sachen zu stapeln und hinter Schranktüren verschwinden zu lassen.

Rena genoss es, wenn Vadim mindestens einmal in der Woche zum Abendessen vorbeischaute und seinen Teller immer brav leer aß. Natürlich kam er wegen ihrer guten Küche, auch wenn er behauptete, er käme, um sich ein Tier auszusuchen. Ein bisschen kam er vielleicht auch wegen Barbara, denn ein Tier hätte er sich ja jederzeit mitnehmen können.

An solchen Abenden kochte sie für Barbara, für ihn und für sich. Sie deckte den Esstisch aufs Eleganteste, legte weiße Stoffservietten zurecht, verwahrte den Weißwein im Weinkühler und hielt sich im Gespräch zurück.

»Wie ein echtes Hausmädchen halt, für Kost und Logis.« Vadim zog sie manchmal damit auf. »Würdest du denn auch zu Thea gehen, wenn die ihr Café vergrößert und Hilfe braucht?«

»Nein«, Rena schüttelte vehement den Kopf.

»Und warum nicht?«

»Weil es mich nicht gibt.«

»Natürlich gibt es dich, ich sehe dich doch, ich kann dich anfassen.« Jetzt war es Barbara, die widersprach.

»Aber ich bin nirgends gemeldet. Und wenn ich jetzt damit anfange, wer weiß, was die alles wissen wollen, Dinge, die ich selbst nicht einmal mehr weiß. Da bleib ich lieber unsichtbar.«

»Aber deinen Namen kennst du noch?«

»Natürlich. Renate.«

»Und weiter?«

»Huber.«

»Und wann hast du Geburtstag?«

»Das sag ich nicht, dann wisst ihr ja, wie alt ich bin.« Sie war tatsächlich eitel.

An diesem Abend saß sie noch in der perfekt aufgeräumten und blitzblanken Küche zwischen lauter Wasser schlabbernden Hunden und Katzen und kritzelte mit winziger Schrift auf ein gelbes Papier, als Barbara dazukam.

Ohne dass eine Frage gestellt wurde, gestand Rena nun: »Seit einigen Wochen schreibe ich mir jeden Tag den Augenblick auf, über den ich mich freue. Und das sind ganz schön viele, die an einem Tag zusammenkommen: Die Fenster glänzen, weil ich sie geputzt habe. Du hast dich für einen Blumenstrauß auf dem Esstisch bedankt. Die Katze ist auf meinen Schoß gesprungen, als ich in der Zeitung gelesen habe. Der Magnolienbaum ist eine einzige weiße Pracht und im Garten beginnt eine Sonnenblume zu blühen. Es ist erstaunlich, wie viele solcher Zettelchen an nur einem Tag zusammenkommen. Und wenn ich mir die abends anschaue, habe ich stets eine Handvoll Glück. Und das ist wunderbar.«

»Das mache ich auch«, sagte Barbara.

»Aber du hast das doch gar nicht nötig. Du bist doch schon glücklich mit Vadim.« Rena zwinkerte ihrer Mitbewohnerin verschwörerisch zu.

»Was meinst du denn damit?«

»Das sehe ich euch an. Außerdem steht es auf meinen Zettelchen. Darüber freue ich mich nämlich auch. Es ist so schön, dass ihr euch so viel Zeit nehmt, um miteinander vertraut zu werden.«

»Wir sind nur Freunde«, stellte Barbara klar, aber sie fühlte sich ertappt. In letzter Zeit hatte sie des Öfteren vor dem Spiegel gestanden und sich gefragt, ob an ihr überhaupt etwas Liebenswertes sei und wie Vadim sie wohl sah.

»Freunde sind das eigentliche Zuhause«, wusste Rena. »Erst unter Freunden ist man wirklich daheim.«

Harte Nüsse

Ein halbes Jahr schon hatte das Modell des gläsernen Pavillons auf Theas Marmorfensterbank zwischen zwei rot blühenden Clivien gestanden, Schusterpalmen wurden die im Volksmund genannt und erinnerten die Tortenbäckerin an ihre Zeit als Schuhverkäuferin. Gut, dass das vorbei war. Nun, da ihr Beruf etwas mit ihrer Berufung zu tun hatte, entwickelte das Geschäft sich bestens. »Weil du es gerne machst«, hatte Leander erkannt, der immer für alle anderen wusste, was gut für sie war. Nur für sich selbst nicht so richtig.

Immer wenn Thea Vadims handgefertigtes Modell betrachtete, überlegte sie, ob sie ihre Backstube nebst Kaffeeausschank mit Stehtischen nicht doch zu einem Sitzcafé vergrößern sollte. Wer verbot es ihr? Wer traute es ihr nicht zu? Etwa sie selbst? So viele Wunder waren geschehen, nachdem der spröde Leander ihr in der Adventszeit und inmitten von Teigbergen jeglicher Couleur und Beschaffenheit das Du angeboten hatte. Später kam die Ernüchterung und sie hatte vorsichtig wissen wollen, ob er es wirklich ernst meinte: er, ein so kluger Mann, und sie selbst nur eine einfache Schuhverkäuferin, die nun Torten buk.

Da hatte er sie lange angesehen und gesagt: »Es gibt eine Klugheit der Seele und an der hat es mir gemangelt. Du aber besitzt sie.« Immer drückte er sich so geschraubt aus! Total hochgestochen, aber auch wahnsinnig schön!

Thea mochte diesen großen und gebeugten Mann mit den traurigen Augen, auch wenn er so seine Marotten hatte. Seit einiger Zeit beispielsweise neigte er dazu, Dinge, über die er nicht mehr nachdenken wollte, und Fragen, die ihm überflüssig schienen, auf ein Blatt Papier zu schreiben und mit feierlicher Hingabe wegzuradieren. Dazu benutzte er immer den gleichen Radiergummi. Ganz abgewetzt war der schon und ließ sie an Steine denken, die in Jahrtausenden von der Natur rundgeschliffen worden waren. Leanders Radiergummi schliff sich an Buchstaben und Worten ab.

Einmal hatte er das Wort Cafévergrößerung auf ein Stück Papier geschrieben und ihr gezeigt. Als sie zweifelnd die Schultern hob, begann er, es wegzuradieren. Doch es blieb dort stehen. »Du solltest es also tun«, hatte er gesagt. Als sei das ein Omen. »Ich unterstütze dich.«

Und nun war es endlich so weit.

An diesem zehnten Mai, einem Feiertag und Donnerstag zugleich, wurde Theas Konditorei nach einem vorerst kleinen Umbau eröffnet. Sie hatte draußen gedeckt: Fünf Tische und zwanzig Korbsessel und zuerst jene eingeladen, die sie voller Zuneigung »meine Förderer« nannte.

Leander stand am Kaffeeautomaten. Er hatte inzwischen gelernt, ihn zu bedienen, übte sich allerdings noch in Schokoornamenten für den Cappuccino. Bisher gelangen ihm nur Punkte. Am liebsten aber sah er einfach nur auf die Straße. Einmal hatte er ihr gestanden: »Seit ich nicht mehr nur auf mich schaue, nehme ich erst die ganze Welt wahr. Ist das nicht eigenartig?«

Was sollte daran eigenartig sein? Thea hatte schon immer die ganze Welt wahrgenommen und sie wusste, dass ein jeder jedem etwas geben kann.

So war ihr der Gedanke gekommen, dass Leander mit all seinem Wissen jener Rena, die bei Barbara wohnte und die sich nichts so sehr wünschte, wie als Kellnerin arbeiten zu dürfen, einen neuen Namen geben könne.

Natürlich hatte Leander sich geziert, aber Thea brauchte ihn nur anzuschauen und »Du« zu flüstern – und schon bot der einstige Anwalt sein Wissen um Zeugenschutzprogramme und neue Identitäten an und wurde aktiv.

So war aus Rena Huber eine Renate Nielssen geworden, mit eigenem Pass und einer Biografie, die dem Durchschnitt entsprach.

Die frischen Eier für fast alle Kuchen und Torten der Konditorei wurden Thea seit Beginn des Jahres von der Hühnerbäuerin geliefert. Die wollte kein Geld dafür und pries immer noch das Wunder eines übergroßen Eis aus Schokolade und Marzipanmasse. »Seitdem ist endlich Ruhe. Herr Holzmann ist abgereist.« Irgendwann würde Thea die Briefträgerin nach Herrn Holzmann fragen. Veronika wusste immer von allen alles.

Nur woher der goldene Knopf an ihrem rechten Ohr kam, das schien sie angeblich nicht zu wissen. Oder sie wollte nicht darüber reden. Auf jeden Fall nicht von ihrem Mann, das hatte sie gleich klargestellt.

»Bitte setzen Sie sich doch.« Einladend wies die Kellnerin Renate nun auf die gedeckten Tische. Sie glänzten ebenso weiß wie ihre gestärkte Schürze und das Spitzenhäubchen in ihrem hochgesteckten Haar. »Alle Freunde des Hauses bekommen zum Einstand eine Eistorte mit Walnüssen.«

Leander hob die Augenbrauen und suchte Theas Blick. Die nickte. Und er begriff: Auch in dieser Torte steckten jene Walnüsse, die er in seinem Garten mit eigener Hand gesammelt, auf dem Dachboden getrocknet und gemeinsam mit Thea geöffnet hatte. Eine harte Nuss nach der anderen. Und jede einzelne hatte ihr Glück wachsen lassen.

Gerade bogen Vadim und Barbara um die Ecke, angeführt von ihrem gemeinsamen Hund Lucky. Erst vor Kurzem hatte Vadim Thea bei einer Tasse Kaffee gestanden, dass es genau das gewesen war, was er für sich gesucht hatte: eine gemeinsame Verantwortung und eine verantwortungsvolle Verpflichtung. Nun pflegten und kümmerten sie sich abwechselnd um den Mischlingsrüden. Eine Woche verbrachte Lucky bei ihm und beide wurden täglich von Barbara besucht, in der anderen Woche war es genau umgekehrt.

»Was für ein schönes Paar«, sagte Renate.

»Und glücklich sind sie auch«, pflichtete die Briefträgerin ihr bei. »Ihre Herzen haben schon zueinander gefunden und die Herzen wissen ja oft mehr als der Verstand.« Renate seufzte. »Und die Herzen sehen auch viel mehr.«

Bevor Veronika fragen konnte, was genau damit gemeint war, bogen Marcel und Mia mit einem Strauß bunter Luftballons auf den Platz. »Mein Vater hat heute ein Pumpprojekt gehabt«, verriet Marcel der Briefträgerin und Mia ließ den ersten Ballon steigen. Der drehte sich einmal um sich selbst, sodass alle die Aufschrift lesen konnten: »Theas traumhaft tolle Torten!!!«

»Die Luftballons sind von meiner Mama, die macht nämlich Werbung«, verriet Marcel und drückte allen Ehrengästen einige davon in die Hand. Dann setzten die zwei Kinder sich zu den Besuchern, die von Lucky begleitet wurden.

›Wer uns nicht kennt, könnte uns für eine richtige Familie halten‹, dachte Vadim und sah Barbara lange an. ›Ja, mit der wäre es möglich.‹ Er wurde rot.

Barbara lächelte ihm zu und beide sahen sie, wie ein fast durchsichtiges weißes Püppchen über den lackierten Tisch huschte, einige Male hüpfte, sich umdrehte, ihnen beiden zuwinkte und für immer verschwand.